OEUVRES
COMPLÈTES
DE FLORIAN.
Nouvelle Édition,

ORNÉE DE DEUX PORTRAITS
ET DE QUATRE-VINGTS GRAVURES D'APRÈS DESENNE.

GALATÉE. — ESTELLE.

PARIS,

LADRANGE, LIBRAIRE,
QUAI DES AUGUSTINS, N° 19;
FURNE, MÊME QUAI, N° 37.

M DCCC XXIX.

FLORIAN.

OEUVRES
COMPLÈTES
DE FLORIAN.

TOME I.

IMPRIMERIE DE H. FOURNIER, RUE DE SEINE, N. 14.

VIE DE FLORIAN.

Celui qui, appelé à la vie comblé de toutes les faveurs que la nature peut prodiguer aux êtres qu'elle affectionne le plus, ne regarde le séjour où il est placé que d'un œil d'indifférence ou de mépris; celui qui, plus coupable encore, souille la terre par ses vices, au lieu de l'embellir par ses vertus, semblent également indignes de jouir long-temps du bienfait de l'existence. Si la mort vient les frapper, elle n'exerce qu'un acte de justice, et les pleurs de l'amour et de l'amitié coulent rarement sur leur tombe solitaire : mais l'homme dont le cœur est comme l'asile de la sensibilité, dont les yeux se mouillent de larmes reconnaissantes à la vue des beautés de la nature, l'homme dont les douces vertus retracent celles de l'âge d'or, et dont les chants, aussi purs que l'air du matin, ne firent jamais rougir l'innocence, un tel homme ne devrait point mourir. C'est pour lui surtout que la terre est féconde; c'est pour lui qu'elle s'embellit. S'il subit la loi commune, si une mort précoce l'enlève à un séjour dont il faisait l'ornement, tous les cœurs sensibles éprouvent une douleur profonde. L'amour et l'amitié viennent embrasser son tombeau, l'environner de cyprès, le couvrir de myrtes; et, long-temps après qu'il n'est plus, sa renommée vit encore avec honneur parmi les hommes.

J'ai peint FLORIAN sans l'avoir nommé encore, et déjà vous l'avez reconnu. Ce poète aimable, dont les ouvrages respirent la plus touchante sensibilité, dont le cœur a toujours dirigé l'esprit, qui consacra ses chants à célébrer la nature champêtre, les mœurs simples de l'âge d'or et les amours des naïves bergères, FLORIAN n'avait pas atteint son huitième lustre, quand il fut enlevé presque subitement aux lettres et à l'amitié.

Mon dessein est de recueillir ici quelques traits sur la personne et sur les différens ouvrages de cet aimable auteur, qui lui ont acquis, dès son vivant, une réputation dont les années ne feront qu'augmenter l'éclat: mais qu'il me soit permis d'abord de m'arrêter un moment sur une époque de sa vie qui a puissamment influé sur le genre même de ses écrits: je veux parler de son enfance. On a trop dédaigné jusqu'à ce jour, en écrivant la vie des hommes célèbres, de remonter à leur premier âge. Il eût été facile, en les observant à cette intéressante époque, de calculer l'influence des objets extérieurs sur la tournure de leur génie, et de deviner par-là leur destinée. Je suis si convaincu de cette influence du premier âge de l'homme sur tout le reste de sa vie; je suis si persuadé que les productions d'un écrivain ne sont que le développement des germes d'idées que déposèrent dans son esprit les premiers objets dont furent frappés ses regards, qu'il ne me serait peut-être pas impossible, après la lecture des divers ouvrages d'un auteur, d'écrire d'imagination l'histoire entière de sa vie, et surtout celle de sa jeunesse. Je pourrais citer des exemples, mais cela m'écarterait trop de mon sujet, et je reviens aux premières années de l'auteur dont j'écris la vie.

JEAN-PIERRE CLARIS DE FLORIAN naquit en 1755, au château de Florian, dans les basses Cévennes, à quelque distance d'Anduze et de Saint-Hippolyte. Quand ces détails ne nous seraient pas connus, il eût été facile d'y suppléer. Nous lisons en effet, à la tête

de la pastorale d'Estelle : « Je veux célébrer ma pa-
« trie ; je veux peindre ces beaux climats où la verte
« olive, la mûre vermeille, la grappe dorée croissent
« ensemble sous un ciel toujours d'azur; où, sur de
« riantes collines semées de violettes et d'asphodèles,
« bondissent de nombreux troupeaux; où enfin un
« peuple spirituel et sensible, laborieux et enjoué,
« échappe aux besoins par le travail, et aux vices par
« la gaieté. » Et quelques lignes plus bas : « Sur les
« bords du Gardon, au pied des hautes montagnes
« des Cévennes, entre la ville d'Anduze et le village
« de Massano, est un vallon où la nature semble avoir
« rassemblé tous ses trésors. Là, dans de longues prai-
« ries où serpentent les eaux du fleuve, on se pro-
« mène sous des berceaux de figuiers et d'acacias.
« L'iris, le genêt fleuri, le narcisse, émaillent la terre :
« le grenadier, l'aubépine exhalent dans l'air des par-
« fums : un cercle de collines parsemées d'arbres
« touffus ferme de tous côtés la vallée ; et des rochers
« couverts de neige bornent au loin l'horizon. »

Le château où naquit Florian avait été bâti par
son grand-père, conseiller à la chambre des comptes
de Montpellier, qui s'était ruiné à bâtir une superbe
habitation dans une très-petite terre, et qui laissa en
mourant deux fils et des dettes. C'est du second que

Florian reçut le jour. Il paraît que son aïeul avait pris son petit-fils en affection, et qu'il se faisait un plaisir de le voir croître sous ses yeux. Sensible à sa tendresse, et pénétré pour lui d'amour et de respect, le jeune Florian l'accompagnait avec joie dans ses promenades champêtres, et procurait au vieillard une jouissance dont il était très-flatté, celle d'admirer ses plantations. De là le respect que Florian témoigna toujours à la vieillesse, et cette douce mélancolie dont il contracta l'habitude, quoiqu'il fût naturellement gai. Un enfant qui se promène avec son aïeul est singulièrement frappé de ses entretiens. Si cet aïeul est bon, généreux, s'il sait gagner par ses bons procédés la confiance de son petit-fils, ce dernier ne perd pas un mot de ses leçons, de ses conseils; et sa morale mélancolique et patriarcale reste empreinte dans son cœur tout le reste de sa vie.

Florian se rappela toujours en effet les douces promenades qu'il faisait, tout jeune encore, avec son aïeul; et voici de quelle manière il a voulu lui-même en perpétuer le souvenir : « Beaux vallons, fortunés
« rivages, où, jeune encore, j'allais cueillir des fleurs!
« Beaux arbres que mon aïeul planta, et dont la tête
« touchait les nues, lorsque, courbé sur son bâton,

« il me les faisait admirer ! Ruisseaux limpides qui ar-
« rosez les prairies de Florian, et que je franchissais
« dans mon enfance avec tant de peine et tant de
« plaisir, je ne vous verrai plus ! Je vieillirai triste-
« ment, éloigné du lieu de ma naissance, du lieu où
« reposent mes pères; et, si je parviens à son âge
« avancé, le beau soleil de mon pays ne ranimera pas
« ma faiblesse. Ah! que ne puis-je au moins espérer
« que ma dépouille mortelle sera portée dans le vallon
« où, enfant, j'ai vu bondir nos agneaux ! Que ne
« puis-je être certain de reposer sous le grand alisier
« où les bergères du village se rassemblent pour
« danser! Je voudrais que leurs mains pieuses vinssent
« arroser le gazon qui couvrirait mon tombeau; que
« les enfans, après leurs jeux, y jetassent leurs bou-
« quets effeuillés : je voudrais enfin que les bergers
« de la contrée fussent quelquefois attendris en y
« lisant cette inscription :

« Dans cette demeure tranquille
« Repose notre bon ami ;
« Il vécut toujours à la ville,
« Et son cœur fut toujours ici. »

Une des causes qui ont pu contribuer à faire
naître dans le cœur de FLORIAN cette mélancolie

douce qui fait le charme de ses écrits, c'est d'avoir eu, dès son enfance, à pleurer une mère tendre qu'il n'avait jamais eu le bonheur de connaître, et qui méritait bien les regrets qu'elle a excités en lui. L'idée de n'avoir pu, dès ses premiers ans, jouir de la présence, des caresses, des entretiens de celle qui lui avait donné la vie, fut toujours pour FLORIAN une idée fâcheuse et pénible. Elle se renouvelait sans cesse; et plus dans la suite il obtint de succès, plus il regretta de n'avoir pu du moins en faire entrevoir l'espérance à sa mère. Il savait que personne au monde n'y aurait été plus sensible : en effet, son père, brave et honnête homme, s'était beaucoup plus appliqué à cultiver ses terres que son esprit; sa mère, au contraire, naturellement spirituelle, avait toujours aimé les jouissances que procurent les lettres. C'était d'elle que FLORIAN croyait tenir ses talens : il aimait son père, mais il avait une prédilection pour sa mère. Sur tous les renseignemens qu'il put se procurer de ceux qui l'avaient connue, il en fit faire le portrait, pour lequel il avait une grande vénération.

Cette tendresse de FLORIAN pour une mère qu'il n'avait pas eu la satisfaction de connaître influa tellement sur sa destinée, qu'on peut dire, sans hésiter, que toute la gloire dont cet écrivain s'est couvert par ses ouvrages est due aux effets de cette tendresse si naturelle et si louable. En effet; si FLORIAN s'est attaché toute sa vie à faire passer dans notre langue les beautés répandues dans les ouvrages des auteurs espagnols que nous ne connaissions pas; s'il a puisé dans ces auteurs le genre même qu'il a cultivé avec tant de succès, celui de la pastorale en prose, mêlée de romances; s'il a traduit et perfectionné la Galatée de Cervantes; si le poète Yriarte lui a fourni ses plus ingénieux apologues; s'il a fait une traduction nouvelle de don Quichotte, et s'il se proposait à la fin de ses jours de donner au public l'histoire d'Espagne, qui nous manque, histoire qu'il était en état de faire, à en juger par l'excellent morceau qui précède Gonzalve, et qui est intitulé : *Précis historique sur les Maures;* c'est que, dès son enfance, il avait conçu pour les Espagnols une grande estime; et cela parce que sa mère tirait son origine d'Espagne. Il lui était doux de parler une langue que sa mère avait parlée. Ainsi la prédilection qu'il eut toujours pour la littérature espagnole, cette prédilection, qui fait l'éloge de son cœur, lui ouvrit, sans qu'il s'en doutât, une carrière nouvelle, et devint la base de sa réputation.

Le jeune FLORIAN, après la mort de son aïeul, fut envoyé dans une pension à Saint-Hippolyte. Il y apprit peu de choses; mais son esprit naturel, ses saillies, le firent bientôt remarquer; et les rapports avantageux que ses parens reçurent de ses heureuses dispositions les engagèrent à lui faire donner une éducation capable de les seconder.

Le frère ainé de son père avait épousé la nièce de Voltaire. On parla à ce dernier du jeune FLORIAN, et des talens qu'il annonçait. Voltaire fut curieux de le voir : FLORIAN fut envoyé auprès de lui, et sa première apparition dans le monde fut à Ferney.

Voltaire s'amusa singulièrement de sa gaieté, de sa gentillesse, de ses vives reparties, et conçut pour lui beaucoup d'amitié. On en peut juger par ses lettres à *Florianet*: c'était le nom d'amitié qu'il lui avait donné. On a dit, on a imprimé qu'il était son parent; mais il n'avait d'autre alliance avec lui que d'être le neveu d'un homme qui avait épousé sa nièce.

De Ferney, FLORIAN vint à Paris, où on lui donna des maîtres pour cultiver ses talens naissans. Il y passa quelques années, et, durant cette époque, il fit plusieurs voyages à *Hornoy*, maison de campagne de sa tante, située en Picardie. Destiné dès ce temps-là au service militaire, il crut de son devoir d'en prendre l'esprit : tous ses jeux n'étaient que des combats.

La lecture de quelques romans de chevalerie échauffa sa tête, et les prouesses chevaleresques devinrent si fort de son goût, qu'ayant lu alors, pour la première fois, le don Quichotte, qu'il a traduit ensuite, loin de trouver cet ouvrage plaisant, il en fut presque révolté : il traitait Michel Cervantes d'impertinent, pour avoir osé attaquer, avec les armes du ridicule, des héros qui étaient les objets de son admiration.

Comme sa famille n'était pas riche, il entra en 1768 chez le duc de Penthièvre, en qualité de page. On espéra qu'il pourrait par ce moyen achever son éducation, et obtenir par la suite un emploi honorable : mais l'éducation des pages n'était pas excellente ; et, sans les ressources qu'il trouva en lui-même, cette éducation ne l'eût jamais fait connaître.

Le prince, qui surveillait sa maison, et avait un jugement assez sain, ne tarda pas à le distinguer de ses camarades. Sa franchise, ses plaisanteries toujours décentes, ses propos vifs et joyeux égayaient parfois ce vertueux personnage, qui, malgré ses richesses, et même sa bienfaisance, était l'homme de France qui s'ennuyait le plus.

Ce fut pendant que le jeune FLORIAN était page (il avait alors à peine quinze ans) qu'il composa les premières lignes qui soient sorties de sa plume. L'occasion qui y donna lieu, et le sujet qu'il traita de préférence, contribuent également à donner une idée de son caractère, qui était, comme je l'ai déjà dit, un mélange de mélancolie et de gaieté. On parlait un jour, chez le prince, de sermons, et l'on en parlait gravement : tout à coup FLORIAN vient se mêler à la conversation, soutient qu'un sermon n'est pas une chose difficile à faire, et prétend qu'il serait capable d'en faire un, si cela était nécessaire. Le prince le prit au mot, et paria cinquante louis qu'il n'en viendrait pas à bout. Le curé de Saint-Eustache, présent, devait être le juge du pari. FLORIAN va soudain se mettre à l'ouvrage, et apporte, au bout de quelques jours, le fruit de son travail. Quel fut l'étonnement du prince et du curé, en entendant un jeune homme réciter un sermon *sur la mort*, qui aurait pu, au besoin, soutenir le grand jour de l'impression! Le premier convint qu'il avait perdu son pari, ajouta qu'il avait beaucoup de plaisir à perdre, et paya sur-le-champ le prix convenu. Le second s'empara du sermon, et le fit prêcher dans sa paroisse.

Lorsque Florian eut rempli les fonctions de page pendant le temps prescrit (on cessait de pouvoir les remplir à un certain âge), il fut long-temps incertain sur le choix d'un état, et ses parens partageaient à cet égard son incertitude. Les uns lui conseillaient de solliciter une place de gentilhomme auprès du prince, prétendant que cette place offrait un sort tranquille et sûr. Les autres, et son père était de ce nombre, désiraient qu'il prît le parti du service militaire. Comme il n'avait pas perdu lui-même ses idées chevaleresques, il penchait fort pour ce parti. L'éclat de la carrière des armes lui paraissait bien plus séduisant que tous les avantages du poste sédentaire qu'on voulait lui faire occuper; et il disait assez plaisamment, au sujet de cette place de gentilhomme qu'on avait sollicitée pour lui, et qui lui était offerte : « Il y a trop long-temps que je suis laquais pour devenir valet de chambre. »

Il choisit donc le service; et il entra dans le corps qu'on appelait, dans ce temps-là, le corps royal d'artillerie. Il alla à Bapaume, où en était l'école. Il s'appliqua aux mathématiques, et y réussit, parce qu'il avait une grande aptitude à tout : mais la science du calcul n'était nullement analogue à la trempe de son esprit. Il ne tarda pas à sentir qu'elle n'avait pas assez d'attraits pour lui. Né avec une imagination vive et brillante, FLORIAN avait besoin de la nourrir et de lui donner quelque essor. La science du calcul n'était propre qu'à le refroidir ; aussi l'oublia-t-il presque aussi vite qu'il l'avait apprise.

L'école de Bapaume, où se trouvait alors FLORIAN, était composée de jeunes gens qui, presque tous, avaient de l'esprit, mais chez qui la raison était beaucoup plus rare. On peut croire qu'ils s'occupaient de leurs études, car il en est sorti d'excellens sujets; mais on peut s'imaginer aussi quelle devait être la vie d'une multitude de jeunes gens emportés par la fougue de l'âge, et se livrant à toutes les extravagances de leurs fantaisies. Rien ne pouvait les contenir; une querelle devenait le germe d'une autre, et ces querelles journalières étaient toujours suivies de combats. FLORIAN fut blessé plusieurs fois. Enfin l'indiscipline de ces élèves fut si grande, qu'on fut obligé de supprimer cet établissement. Qui aurait jamais cru que ce fût d'une pareille école que serait sorti le chantre sensible des amours d'Estelle et de Galatée ?

A peu près vers cette époque, FLORIAN obtint une compagnie de cavalerie dans le régiment de Penthièvre, qui était en garnison à Maubeuge. Arrivé dans cette ville, il devint tellement épris d'une chanoinesse, aussi aimable que vertueuse, qu'il voulait

b.

absolument l'épouser. Ses parens et ses amis eurent bien de la peine à le détourner d'un projet qui ne convenait ni à sa fortune ni à son âge : mais on peut croire que ce sentiment profond ne contribua pas peu à détruire en lui cette dureté de caractère et cette férocité de mœurs dont il était bien difficile de se garantir entièrement à l'école de Bapaume.

Sa famille, dont il n'avait rien à attendre, résolut alors de l'attacher à un homme puissant, en lui procurant, presque malgré lui, cette place de gentilhomme qu'il avait d'abord refusée. Mais FLORIAN voulait servir, et le prince ne voulait point auprès de lui de gens attachés au service. Jaloux cependant de fixer les irrésolutions d'un homme dont il aimait la société, il se prêta de lui-même à aplanir les difficultés qui auraient pu contrarier les goûts de FLORIAN. Il fut convenu que ce dernier aurait une réforme ; que, sans qu'il fût obligé de rejoindre, son service compterait toujours ; ce qui lui laisserait l'entière liberté de rester à son nouveau poste.

Il se fixa donc à Paris, et cette vie sédentaire qu'il avait tant redoutée ne contribua pas peu à le lancer dans la carrière des lettres.

Ce fut alors en effet que, pour tromper l'ennui qui le saisissait quelquefois, et dont il disait lui-même qu'il était fort susceptible, il essaya d'écrire. Le goût qu'il avait toujours eu pour la langue espagnole se réveilla : il se mit à l'apprendre, et forma dès lors le projet de traduire en français quelque ouvrage espagnol qui pût plaire à notre nation. Après avoir hésité entre quelques auteurs, il choisit Cervantes, et, trouvant sa Galatée intéressante, malgré toutes ses imperfections, il résolut d'en tirer parti. Les changemens heureux qu'il fit à ce poëme, les scènes entières qu'il y ajouta, comme le troc des houlettes, morceau charmant du premier livre ; la fête champêtre et l'histoire des tourterelles dans le second; les adieux au chien d'Elicio, dans le troisième, le dernier chant tout entier qu'il imagina pour finir le poëme que Cervantes n'avait point achevé ; les stances naïves et délicates qu'il répandit sur tout l'ouvrage, et qu'il eut l'art d'amener toujours d'une manière heureuse, tout concourut au succès de Galatée; et le succès de Galatée décida FLORIAN à se livrer à ce genre de composition, c'est-à-dire à rajeunir le roman pastoral, tombé depuis long-temps dans un discrédit absolu.

Il publia Estelle, et obtint un succès nouveau, dont il eut seul toute la gloire. Estelle en effet est entièrement de son invention, et plaît autant que

Galatée; il en est même qui la préfèrent à celle-ci; d'autres, au contraire, se souvenant qu'ils ont connu Galatée la première, conservent pour elle une tendre inclination, et ne mettent pas sa rivale au-dessus d'elle : mais le plus grand nombre regardent Estelle et Galatée comme deux sœurs également aimables, et entre lesquelles il est difficile de faire un choix.

On ne peut cependant se le dissimuler, Florian a travaillé Estelle avec plus de soin que son premier poëme; il en a mieux conçu l'ensemble, il en a disposé toutes les parties avec plus d'art : les stances pastorales et les romances y font encore un meilleur effet; il n'est aucune de ces romances qui n'ait été mise en musique, et qui n'ait eu la plus grande vogue.

Il était naturel que le succès de Galatée et d'Estelle portât Florian à réfléchir sur le genre pastoral. Il fit un Essai sur la pastorale, pour prouver que tous les ouvrages dont les héros sont des bergers inspirent l'ennui et donnent envie de dormir, quand ils sont resserrés dans un cadre aussi étroit que celui d'une églogue ou d'une idylle. Sans intérêt, dit-il, aucun ouvrage d'agrément ne peut avoir un succès durable : or est-il facile de mettre de l'intérêt dans une scène entre deux ou trois interlocuteurs qui parlent tous de la même chose, dont les idées roulent sur le même fonds, qui viennent et s'en vont sans motif? l'églogue n'est que cela. Un recueil d'églogues est à peu près comme un recueil de premières scènes de comédie. FLORIAN concluait de là qu'il valait mieux fondre l'églogue dans un drame pastoral, à la manière de *Guarini*, auteur du *Pastor fido*, et mieux encore dans un roman, à la manière de *Sannazar*, auteur de l'*Arcadie*, et de d'*Urfé*, auteur de l'*Astrée*. Il y aurait bien des choses à dire sur cette manière d'envisager la pastorale : mais une dissertation serait ici déplacée : il suffira d'observer que si, à l'époque où FLORIAN a écrit, il lui a fallu mettre l'églogue en roman pour la faire supporter, c'est qu'il a écrit à une époque où la manie des romans s'est accrue à un point extrême; à une époque où, pour se faire lire, les moralistes, les publicistes, les métaphysiciens, et (qui l'eût cru?) les historiens ont été forcés de faire eux-mêmes des romans.

Ce serait une histoire aussi curieuse que piquante, s'il était possible de la faire, que celle des petits événemens qui ont porté les auteurs à écrire leurs différens ouvrages. On y verrait bien évidemment que l'esprit n'agit jamais seul, et qu'il faut toujours que ce soit ou une passion ou le besoin qui le mette en jeu, et tire de lui forcément ces étincelles qui font sa gloire. Ceux qui ont été liés avec Florian n'ignorent pas ce qui décida cet auteur à travailler pour le théâtre italien de préférence à tous les autres. Il voulait plaire, et il fit *les Deux Billets*. Aussi donna-t-il au rôle d'Arlequin une sensibilité exquise, qui fit le succès de l'ouvrage; sensibilité qu'il lui fut facile ensuite de transporter dans ses autres pièces, où le même personnage agissant devait naturellement conserver ses premières mœurs. Ce rôle d'Arlequin étant le plus original de la pièce des *Deux Billets*, on sent que Florian dut s'y intéresser. Arlequin fut pendant long-temps son héros. Il l'a représenté dans tous les états de la vie, garçon, marié, père et fils; mais, en lui conservant un peu de la balourdise propre à ce rôle, il l'a rendu beaucoup plus aimable qu'il ne l'était auparavant, en le rendant et plus sensible et plus moral.

Non-seulement il faisait des arlequins aimables, mais il les jouait lui-même en société, avec un talent qu'on eût applaudi au théâtre. C'était son grand amusement. Tous ceux qui l'ont vu jouer chez M. d'Argental n'ont pu oublier avec quelle grace, quelle finesse, quelle sensibilité il remplissait ses rôles; mais il ne pouvait jouer que sous le masque. Il était acteur médiocre à visage découvert.

Le genre du théâtre plaisait beaucoup à FLORIAN; il l'eût cultivé davantage, s'il ne se fût aperçu que cela déplaisait à son protecteur. Il le suivit à la campagne, et profita de la solitude où il se trouvait pour composer ses *six Nouvelles*.

Il voulut entreprendre ensuite un ouvrage plus important, et choisit *Numa*. Il était si content d'avoir trouvé ce sujet, qu'il s'étonnait que personne ne s'en fût emparé: quelle que soit la manière dont il l'a traité, on ne lui a pas rendu assez de justice en France. L'étranger l'a accueilli beaucoup plus favorablement. Il a été traduit dans presque toutes les langues de l'Europe. Le personnage de Zoroastre, qu'il y a introduit, a paru un peu déplacé. Un de ses amis, à qui il confiait non-seulement tout ce qu'il faisait, mais encore tout ce qu'il voulait faire, lui avait conseillé de choisir de préférence Pythagore, qui, malgré l'anachronisme, contrasterait moins avec Numa, pusqu'ils habitaient le même pays. FLORIAN convint qu'il avait raison; mais il dit qu'il ne connaissait pas assez Pythagore pour l'introduire dans son ouvrage, et qu'il préférait un philosophe dans la peinture duquel son imagination pût faire tous les frais. Il s'en repentit dans la suite.

Il est inutile de parler de ses autres ouvrages; ils sont entre les mains de tout le monde. L'habitude qu'il avait contractée du travail était devenue en lui un véritable besoin. Il ne passait jamais un jour sans travailler, et souvent il travaillait du matin au soir. Au milieu d'un ouvrage il s'occupait déjà de celui qu'il ferait après.

« Essayez de faire des fables, » lui dit un jour M. de Penthièvre. FLORIAN suivit ce conseil; il fit des fables, passa plusieurs années avant d'en publier aucune, et ne les mit au jour que trois ou quatre ans avant sa mort. Ce recueil, le plus parfait qui ait paru depuis La Fontaire, est', de tous les ouvrages de FLORIAN, celui que la postérité admirera le plus. C'est à la tête de cet ouvrage qu'il a fait graver son portrait.

Peu d'auteurs sont entrés aussi jeunes que lui à l'académie française : il n'avait que trente-trois ans le jour qu'il y fut nommé ; mais il ne regarda pas cette place comme un privilège de ne rien faire. Son nouveau titre, loin de diminuer, avait redoublé son amour pour le travail; et si une mort prématurée ne l'eût pas arrêté dans sa carrière, il avait encore dans la tête des projets de travail pour un grand nombre d'années.

Parmi ses projets, était celui d'écrire la vie des hommes illustres de l'histoire moderne, et de les comparer les uns aux autres à la manière de Plutarque. Il en avait déjà trouvé plusieurs qui pouvaient être mis en parallèle; il attendait, disait-il, pour entreprendre ces divers ouvrages, que son imagination fût refroidie; ce sera, ajoutait-il, l'occupation de ma vieillesse.

L'amour qu'il avait conçu pour l'Espagne et les Espagnols n'était pas un amour exclusif. Il y avait un autre peuple qui partageait ses affections: on ne devinerait pas aisément lequel; c'était le peuple Juif: il en possédait parfaitement l'histoire, et l'appliquait souvent très à propos. Il avait toujours eu envie de faire un ouvrage juif, et il en a fait un en quatre livres qui forme un petit volume pareil à celui de Galatée. Il est intitulé : *Eliézer et Nephthali*. Il est tout d'imagination, mais il est du plus grand intérêt.

Le dernier ouvrage de FLORIAN est sa traduction de Don Quichotte. Il y travaillait, disait-il, pour se reposer et pour prouver à Cervantes qu'il avait entièrement oublié l'aversion qu'il avait eue pour lui dans son enfance. Sur ce qu'un ami lui représentait que Don Quichotte avait été lu par tout le monde ; que le ridicule qu'il attaquait n'étant plus à la mode, il exciterait peu d'intérêt ; que même il n'était presque lu que par les enfans grands et petits ; car il y en a de tout âge qui s'amusent de ses aventures extravagantes sans comprendre le but de l'ouvrage ni en sentir la finesse : il répondait que, Cervantes étant le meilleur écrivain de l'Espagne, il fallait le faire connaître ; que ceux qui n'avaient lu que la traduction de Filleau de Saint-Martin ne le connaissaient point, et qu'il espérait qu'on lirait la sienne, qui, au reste, n'est qu'une traduction très libre.

La vie privée de FLORIAN, comme celle de la plupart des gens de lettres, ne présente point d'événemens d'un grand intérêt ; il l'avait écrite lui-même ; peut-être l'avait-il rendue intéressante ; car il racontait avec beaucoup d'agrément et savait donner du prix aux plus légers détails : mais cette vie n'existe plus vraisemblablement, et il n'y a qu'une personne à qui il l'ait lue.

Ceux qui ne l'ont pas connu intimement ne peuvent pas se former une idée de la différence qu'il y avait entre Florian en société et Florian la plume à la main. Lorsqu'il se trouvait dans une compagnie de personnes qui lui étaient connues, et au milieu desquelles il était à son aise, il se livrait aux charmes de la conversation, et il n'y en avait point de plus agréable, de plus vive et de plus gaie que la sienne. Quand il était un peu excité, il aurait fait rire les plus mélancoliques; au contraire, quand il ne connaissait pas les personnes ou qu'il n'était pas lié avec elles, il avait l'air sérieux et grave ; mais cette gravité formait toujours, pour ceux qui le connaissaient intimement, un contraste singulier avec sa gaieté naturelle.

Il fit plusieurs voyages à la Trappe avec M. de Penthièvre. La vue de ces tristes cénobites qui ne riaient jamais n'altérait point son humeur joviale : elle lui fit même commettre une légère imprudence dont il fut très-fâché ensuite. Un jour, à la fin de l'office, où il avait assisté, tous les religieux, suivant l'usage, se prosternent, baisent la terre, attendant, pour se relever, que l'abbé eût donné le signal. Florian, qui trouvait sans doute la méditation un peu longue, frappa sur sa stalle : un religieux, qui crut que c'était le signal de l'abbé, se retourna, vit d'où le coup était parti, et fit un léger sourire. On sort de l'église :

quelle fut la surprise de Florian de voir ce malheureux moine venir, par ordre de l'abbé, se jeter à ses pieds! Florian le relève les larmes aux yeux, et pénétré de voir l'innocent demander pardon au coupable. On pourrait croire qu'avec son caractère il devait s'ennuyer dans cette solitude; point du tout : il y travaillait, semblable en cela à Lamotte, qui y fit son opéra d'Issée; mais Lamotte avait voulu se faire moine, et Florian n'y pensa jamais.

Mais ce caractère si gai qu'il portait dans la société, il le déposait en prenant la plume. Ce n'était plus le même homme; il ne suivait plus que l'impulsion du sentiment; aussi un de ses amis lui disait souvent : Plaisantez tant que vous voudrez en conversation, vous avez le sel de la bonne plaisanterie, mais ne plaisantez pas en écrivant, car alors vous n'êtes plus plaisant. Il ne voulait pas tout-à-fait en convenir, mais ses ouvrages en sont la preuve.

S'il avait voulu se prêter à la société il y aurait eu les plus brillans succès, et il aurait été accueilli de tout le monde avec transport; mais il aimait le travail et la retraite. Si je voulais, disait-il, répondre à toutes les sollicitations qu'on me fait, je n'aurais pas une heure pour travailler. Aussi n'allait-il que dans trois ou quatre maisons, et encore rarement.

Le reste de son temps il le passait chez lui, où il se trouvait mieux que partout ailleurs. Il s'était fait à l'hôtel de Toulouse un petit appartement très-agréable, qu'il avait arrangé suivant son goût. Sa bibliothèque était accompagnée d'une volière, et peuplée d'une multitude d'oiseaux, dont le ramage égayait son travail.

C'est là qu'il a passé la plus précieuse portion de sa vie à composer ses charmans ouvrages et à pratiquer toutes les vertus sociales. Cette sensibilité qu'il mettait dans ses écrits, il l'exerçait dans ses actions. Jamais les malheureux n'ont imploré en vain ses secours. Quand ses facultés n'étaient pas suffisantes, il recourait au prince, et jamais il n'employa son crédit auprès de lui que pour rendre service : il serait difficile de dire combien de gens il a obligés.

Il jouissait d'une fortune médiocre; les appointemens attachés à sa place en faisaient la plus forte partie; mais, grace à ses ouvrages et à l'esprit d'ordre qu'il mettait dans ses affaires, il trouvait le moyen de se livrer à son caractère bienfaisant. Lorsque son libraire lui apportait une somme d'argent, il ne manquait jamais d'en détacher une partie qu'il portait à son ami le curé de Saint-Eustache, pour les pauvres.

On peut encore citer un trait qui achèvera de peindre son caractère. A la mort de son père, il ne trouva que des dettes; il aurait pu renoncer à la succession, et abandonner aux créanciers le peu qui restait. Il se conduisit bien différemment; il se porta héritier, fit vendre ce que son père avait laissé, et paya toutes les dettes de son argent. Il ne réserva qu'une chaumière avec un petit champ, qu'il donna en toute propriété à une bonne fille qui avait servi son père quarante ans, et qui l'avait vu naître. Cette pauvre femme ne voulait pas accepter ce présent. Elle lui dit qu'elle ne tarderait pas à le lui rendre par sa mort: elle était loin de penser qu'elle lui survivrait.

Tel était FLORIAN: cet homme, aussi aimable dans sa conduite que dans ses écrits, ne traçant pas en vain le tableau du bonheur que procure la bienfaisance, partageant son temps entre l'étude et l'amitié, prompt à obliger, et tout-à-fait incapable de nuire, étranger à toutes les animosités; retiré à Sceaux depuis le commencement de la révolution, et ne s'occupant dans sa solitude que de projets littéraires, pouvait-il s'attendre que l'envie troublerait le repos de ses jours, l'arracherait à ses bocages, le traînerait dans une prison? Il se l'imaginait si peu, que son arrestation fut un coup de foudre pour lui. Il se troubla quand on lui dit : Vous n'êtes plus libre ; et dès lors il sentit que ce trait de l'injustice des hommes devait le conduire au tombeau.

La postérité croira difficilement que l'auteur d'*Estelle* et de *Galatée*, vivant à la campagne au milieu de ses livres, ait pu faire assez d'ombrage pour être conduit en prison.

Parmi les traits que les historiens citeront pour caractériser l'époque du régime révolutionnaire, ils n'oublieront pas l'arrestation de FLORIAN. Elle a quelque chose de si étrange, et ses suites d'ailleurs lui ont été si funestes, qu'on aimera peut-être à en savoir les détails. Je les trouve consignés dans un brouillon de pétition, en forme de lettre, que FLORIAN, de sa prison, écrivait à un député de sa connaissance. En le lisant, je n'ai pu m'empêcher de l'arroser de larmes. Ceux qui le liront après moi en verseront aussi, à moins qu'ils ne soit tout-à-fait insensibles. Je sais que bien des personnes blâmeront FLORIAN de n'avoir pas montré plus de fermeté, de s'être en quelque sorte laissé accabler sous le poids de l'injustice, d'avoir flatté ses persécuteurs : mais d'abord, si la faiblesse du caractère est un défaut, elle n'est pas toujours un crime; elle naît d'une extrême sensibilité, et n'en mérite que plus d'indulgence.

Voici le brouillon :

« Citoyen représentant, tu chéris, tu cultives les « lettres, mais tu chéris davantage la patrie et la « liberté (1); mais tu exiges que les arts, dont tu fus « l'ami dès l'enfance, soient utiles à la cause du « peuple pour laquelle tu voudrais mourir : c'est à « ce seul titre que je t'écris.

« Méditant depuis long-temps de refaire l'histoire « ancienne pour l'éducation nationale, j'en ai in-« struit, par un mémoire, le comité de salut public. « J'ai pris soin de parler de moi dans un moment « où l'homme timide, qui aurait eu le moindre re-« proche à se faire, ne serait occupé que de se faire « oublier. Tranquille sur cette démarche (2), je tra-« vaillai dans la solitude, et j'avais achevé déjà « plusieurs morceaux sur l'Egypte, quand tout à

---

(1) Le tutoiement était obligatoire pendant le régime révolutionnaire.

(2) FLORIAN était noble, et, comme tel, soumis au décret qui exilait les ci-devant nobles à dix lieues de Paris. Pour qu'il pût rester à Sceaux, il fallait que le comité de salut public le mît en réquisition. C'est cette faveur que sollicita Florian, et qui fut la cause de sa perte.

« coup un ordre du comité de salut public m'a fait
« mettre en arrestation dans la maison du Port-
« Libre : j'y suis depuis vingt-deux jours, sans
« compter les longues nuits qui ne diffèrent des
« jours que par le manque de lumière, sans livres,
« presque sans papier, au milieu de six cents per-
« sonnes, appelant en vain pour me secourir l'ima-
« gination que j'avais autrefois, et ne trouvant à sa
« place que la douleur et l'abattement.

« J'ai pourtant voulu travailler. J'ai conçu le plan
« d'un ouvrage (1) que je crois utile à la morale pu-
« blique. J'ai chanté dans ma prison le héros de la
« liberté. Je t'envoie mon premier livre : je te de-
« mande de le juger.

« Si tu ne penses pas que le poëme puisse fortifier
« dans l'ame des jeunes Français et l'amour de la ré-
« publique et le respect des mœurs simples, ne me
« réponds point.... Laisse-moi mourir ici : l'altération
« de ma santé m'en fait concevoir l'espérance.

« Si ton civisme et ton goût, dépouillés de tout in-
« térêt pour moi, te persuadent qu'il est bon que
« mon ouvrage soit fini, parles-en à tes collègues,
« membres du comité de salut public, et dis-leur :

(1) Le poëme de *Guillaume Tell*, divisé en quatre livres.

« De quoi peut être coupable l'homme qui pensa
» être mis à la Bastille pour les premiers vers qu'il fit
« dans le *Serf du Mont Jura;* qui écrivait avant la ré-
« volution le onzième livre de *Numa*, et qui, depuis la
« révolution, libre, orphelin, sans autre fortune que
« son talent, qu'il pouvait porter partout, n'a pas
« quitté un moment sa patrie, a commandé trois ans
« une garde nationale, a donné plusieurs ouvrages;
« et, dans son recueil de fables, a imprimé celle des
« *Singes et du Léopard ?*

« Un fabuliste, un berger, le chantre de Galatée et
« d'Estelle peut-il commettre des crimes? peut-il seu-
« lement en concevoir? La lyre de Phèdre, le chalu-
« meau de Gessner, trop sourds, trop faibles sans
« doute au milieu des trompettes guerrières, peu-
« vent-ils jamais nuire ou déplaire à ceux qui veulent
« établir la liberté sur la base de la morale? La fau-
« vette qui chantait auprès des marais de Lerne, lors-
« que Hercule combattait l'hydre, n'excita point la
« colère du héros libérateur. Peut-être même, après
« la victoire, l'écouta-t-il avec bienveillance.

« C'est à ce peu de mots que je réduis, que je réduirai
« ma défense. Si l'on me croit coupable, qu'on me
« juge; mais si je suis innocent, que l'on me rende à la
« liberté, que l'on me rende à mes ouvrages, à mes ou-

« vriers d'imprimerie que j'ai fait vivre depuis quinze
« ans, et que ma détention empêche de poursuivre
« une très-grande entreprise : que l'on me rende à ma
« vie pure, et au désir d'être utile encore à mon
« pays. »

C'est ainsi que la voix de FLORIAN, cette voix si douce et si pure, cherchait à frapper l'oreille des tyrans odieux qui asservissaient alors la France. Elle ne fut d'abord pas entendue ; mais le 9 thermidor vint hâter l'effet des sollicitations de FLORIAN et de ses amis. Il sortit de prison quelque temps après ce jour mémorable, et il s'empressa de quitter Paris pour aller vivre à la campagne. Son but était d'y respirer un air pur, et de s'y faire oublier. Il avait alors un fonds de tristesse qui lui rendait la solitude plus chère que jamais. Soit que le sentiment de l'injustice commise envers lui l'eût affecté jusqu'à altérer sa santé, soit que le mauvais air et la mince et grossière nourriture de la prison lui eussent laissé le germe d'une maladie mortelle, il ne tarda pas à se mettre au lit, et il ne se releva plus.

FLORIAN annonçait une carrière beaucoup plus longue. Sa modération, sa sobriété faisaient espérer qu'il serait conservé long-temps aux lettres et à l'amitié. Quoique d'une taille au-dessous de la médiocre, il était fortement constitué. Il n'était pas beau de visage, mais la sérénité, la gaieté qui y brillaient, ses grands yeux noirs, pleins de feu, qui animaient toute sa physionomie, le rendaient très-agréable. Il est mort à Sceaux, dans un petit appartement qu'il occupait à l'Orangerie. Il n'avait pas encore quarante ans.

VIE DE CERVANTES.

Michel de Cervantes Saavedra, dont les écrits ont illustré l'Espagne, amusé l'Europe, et corrigé son siècle, vécut pauvre, malheureux, et mourut presque oublié. On ignorait encore, il y a peu d'années, quel était le véritable lieu de sa naissance : Madrid, Séville, Lucène, Alcala, se sont disputé cet honneur. Cervantes, ainsi qu'Homère, Camoëns, et beaucoup d'autres grands hommes, trouva plusieurs patries après sa mort, et manqua du nécessaire pendant sa vie.

L'académie espagnole, sous la protection de son souverain, vient de rendre à la mémoire de Cervantes l'hommage que l'Espagne lui devait depuis trop long-temps; elle a publié une magnifique édition du

Don Quichotte. Il semble qu'on ait cru que tout ce luxe typographique pouvait réparer les torts de la nation envers l'auteur. Sa vie est à la tête, écrite, d'après les recherches les plus exactes, par un académicien distingué. Je suivrai cette autorité pour tout ce qui regarde les faits, me permettant de parler des ouvrages de Cervantes selon le sentiment qu'ils m'ont inspiré.

Cervantes était gentilhomme, fils de Rodrigue de Cervantes et de Léonor de Cortinas. Il naquit à Alcala de Hénarès, ville de la nouvelle Castille, le 9 octobre 1547, sous le règne de Charles-Quint.

Dès son enfance il aima les livres. Il fit ses études à Madrid, sous un célèbre professeur, dont il surpassa bientôt les plus habiles écoliers. La grande science de ce temps-là était le latin et la théologie. Les parens de Cervantes en voulaient faire un ecclésiastique ou un médecin, seules professions utiles en Espagne; mais il eut encore ce trait de commun avec plusieurs poètes célèbres, de faire des vers malgré ses parens.

Une élégie sur la mort de la reine Isabelle de Valois, plusieurs sonnets, un petit poëme appelé *Filène*, furent ses premiers essais. Le peu d'accueil qu'on fit à ses ouvrages lui parut une injustice: il quitta l'Espagne, et alla se fixer à Rome, où la misère le força d'être valet de chambre du cardinal Aquaviva.

Dégoûté bientôt d'un emploi si peu digne de lui, CERVANTES se fit soldat, et combattit avec beaucoup de valeur à la fameuse bataille de Lépante, gagnée par Don Juan d'Autriche en 1571 : il y reçut à la main gauche un coup d'arquebuse, dont il fut estropié toute sa vie. Cette blessure lui valut pour récompense d'être mis à l'hôpital de Messine.

Sorti de cet hôpital, le métier de soldat invalide lui parut préférable à celui de poète méprisé. Il alla s'enrôler de nouveau dans la garnison de Naples, et demeura trois ans dans cette ville. Comme il repassait en Espagne, sur une galère de Philippe II, il fut pris et conduit à Alger par Arnaute Mami, le plus redouté des corsaires.

La fortune, qui épuisait ses rigueurs sur le malheureux CERVANTES, ne put lasser son courage. Esclave d'un maître cruel, sûr de mourir dans les tourmens, s'il osait faire la moindre tentative pour se remettre en liberté, il concerta sa fuite avec quatorze captifs espagnols. On convint de racheter un d'entre eux, qui retournerait dans sa patrie, et reviendrait avec une barque enlever les autres pendant la nuit. L'exécution de ce projet n'était pas facile : il fallait d'abord amasser la rançon d'un prisonnier, ensuite s'échapper tous de chez leurs différens maîtres, et pouvoir rester rassemblés, sans être découverts, jusqu'au moment où la barque viendrait les prendre.

Tant de difficultés paraissaient insurmontables : l'amour de la liberté vint à bout de tout. Un captif navarrois, employé par son maître à cultiver un grand jardin sur le bord de la mer, se chargea d'y creuser dans l'endroit le plus caché un souterrain capable de contenir les quinze Espagnols. Le Navarrois mit deux ans à cet ouvrage. Pendant ce temps on gagna, soit par des aumônes, soit à force de travail, la rançon d'un Maïorquin, nommé Viane, dont on était sûr, et qui connaissait parfaitement toute la côte de Barbarie. L'argent prêt, et le souterrain achevé, il fallut encore six mois pour que tout le monde pût s'y rendre; alors Viane se racheta, et partit après avoir juré de revenir dans peu de temps.

CERVANTES avait été l'ame de l'entreprise; ce fut lui qui s'exposa toutes les nuits pour aller chercher des vivres à ses compagnons. Dès que le jour paraissait, il rentrait dans le souterrain avec la provision de la journée. Le jardinier, qui n'était pas obligé de se cacher, avait sans cesse les yeux sur la mer, pour découvrir si la barque ne venait point.

Viane tint parole. Arrivé à Maïorque, il va trouver le vice-roi, lui expose sa commission, et lui demande de l'aider dans son entreprise. Le vice-roi lui donne un brigantin : Viane, le cœur rempli d'espoir, vole à la délivrance de ses frères.

Il arriva sur la côte d'Alger le 28 septembre de cette même année 1577, un mois après en être parti. Viane avait bien observé les lieux ; il les reconnut quoiqu'il fît nuit : il dirigea son petit bâtiment vers le jardin où on l'attendait avec tant d'impatience. Le jardinier, qui était en sentinelle, l'aperçoit, et court avertir les treize Espagnols. Tous leurs maux sont oubliés à cette heureuse nouvelle ; ils s'embrassent, ils se pressent de sortir du souterrain, ils regardent avec des larmes de joie la barque du libérateur; mais, hélas! comme la proue touchait la terre, plusieurs Maures passent et reconnaissent les chrétiens ; ils crient aux armes : Viane, tremblant, reprend le large, gagne la haute mer, disparait; et les malheureux captifs, retombés dans les fers, vont pleurer au fond du souterrain.

CERVANTES les ranima : il leur fit espérer, il se flatta lui-même que Viane reviendrait ; mais on ne vit plus reparaître Viane. Le chagrin, et l'humidité de leur demeure étroite et malsaine, causèrent d'affreuses maladies à plusieurs de ces malheureux. Cervantes ne pouvait plus suffire à nourrir les uns, à soigner les autres, à les encourager tous.

Il se fit aider par un de ses compagnons, et le chargea d'aller chercher des vivres à sa place. Celui qu'il choisit était un traître : il va trouver le roi d'Alger, se fait musulman, et conduit lui-même au souterrain une troupe de soldats qui enchaînent les treize Espagnols.

Traînés devant le roi, ce prince leur promit la vie s'ils voulaient déclarer quel était l'auteur de l'entreprise. « C'est moi, lui dit Cervantes, sauve « mes frères et fais-moi mourir. » Le roi respecta son intrépidité ; il le rendit à son maître, Arnaute Mami, qui ne voulut pas faire périr un si brave homme. Le malheureux jardinier navarrois, qui avait fait le souterrain, fut pendu par un pied jusqu'à ce que le sang l'eût étouffé.

Cervantes, trompé par la fortune, trahi par son ami, rendu à ses premiers fers, n'en devint que plus ardent à les briser. Quatre fois il échoua, et fut sur le point d'être empalé. Sa dernière tentative était de faire révolter tous les esclaves, d'attaquer Alger, et de s'en rendre maître. On découvrit la conspiration, et Cervantes ne fut pas mis à mort : tant il est vrai que le véritable courage en impose même aux barbares.

Il est vraisemblable que CERVANTES a voulu parler de lui-même dans la Nouvelle de l'*Esclave*, une des plus intéressantes de *Don Quichotte*, lorsqu'il dit que « le cruel Azan, roi d'Alger, ne fut clément que pour « un soldat espagnol, nommé Saavedra, qui s'exposa « souvent aux plus affreux supplices, et forma des « entreprises qui de long-temps ne seront oubliées « des infidèles. »

Cependant le roi d'Alger voulut être maître d'un captif si redoutable : il acheta CERVANTES d'Arnaute Mami, et le resserra étroitement. Peu de temps après, ce prince, obligé d'aller à Constantinople, fit demander en Espagne la rançon de son prisonnier. La mère de CERVANTES, Léonor de Cortinas, veuve et pauvre, vendit tout ce qui lui restait, et courut à Madrid porter trois cents ducats aux Pères de la Trinité, chargés de la rédemption des captifs.

Cet argent, qui faisait tout le bien de la veuve, était loin de suffire; le roi Azan voulait cinq cents écus d'or. Les Trinitaires, touchés de compassion, complétèrent la somme, et CERVANTES fut racheté le 19 septembre 1580, après un esclavage de cinq ans.

De retour en Espagne, dégoûté de la vie militaire,

et résolu de se livrer entièrement aux lettres, il se retira près de sa mère, avec la douce espérance de la nourrir de son travail. Cervantes avait alors trente-trois ans. Il débuta par *Galatée*, dont il ne donna que les six premiers livres, et qu'il n'a jamais achevée. Cet ouvrage réussit assez bien. La même année, il épousa dona Catherine de Palacios : elle était fille de bonne maison, mais pauvre; et ce mariage ne l'enrichit pas. Pour soutenir son ménage, Cervantes fit des comédies : il assure qu'elles eurent beaucoup de succès. Mais bientôt il quitta le théâtre pour un petit emploi qu'il obtint à Séville, où il alla s'établir. C'est là qu'il a fait celle de ses *Nouvelles* où il dépeint si bien les vices de cette grande ville.

Cervantes avait près de cinquante ans lorsqu'il fut obligé de faire un voyage dans la Manche. Les habitans d'un petit village nommé l'Argamazille, prirent querelle avec lui, le traînèrent en prison, et l'y laissèrent long-temps. Ce fut là qu'il commença *Don Quichotte*. Il crut se venger de ceux qui l'insultaient, en faisant de leur pays la patrie de son héros : il affecta cependant de ne pas nommer une seule fois dans son roman le village où on l'avait si maltraité.

Il ne donna d'abord que la première partie de *Don Quichotte*, qui ne réussit point. Cervantes connaissait les hommes : il publia une petite brochure appelée *le Serpenteau*. Cet ouvrage, qu'il serait impossible de retrouver aujourd'hui, même en Espagne, semblait être une critique de *Don Quichotte*, et couvrait de ridicule ses détracteurs. Tout le monde lut cette satire, et *Don Quichotte* obtint par cette bagatelle la réputation que depuis il n'a due qu'à lui-même.

Alors tous les ennemis du bon goût se déchaînèrent contre CERVANTES : critiques, satires, calomnies, tout fut mis en œuvre. Plus malheureux par son succès qu'il ne l'avait jamais été par ses disgraces, il n'osa rien donner au public de plusieurs années. Son silence augmenta sa misère, sans apaiser l'envie. Heureusement le comte de Lémos et le cardinal de Tolède lui accordèrent quelques secours. Cette protection, que CERVANTES a tant fait valoir, lui fut continuée jusqu'à sa mort; mais elle ne fut jamais proportionnée ni au mérite du protégé, ni aux richesses des protecteurs.

CERVANTES, impatient de marquer sa reconnaissance au comte de Lémos, lui dédia ses *Nouvelles*, qui parurent huit ans après la première partie de *Don Quichotte*. L'année suivante il donna son *Voyage au Parnasse*. Mais ces ouvrages lui valurent peu d'argent, et les secours du comte de Lémos furent toujours bien faibles, puisque Cervantes, pour avoir du pain, fut obligé d'imprimer huit comédies que les comédiens refusèrent de jouer.

Il semblait destiné à tous les malheurs et à toutes les humiliations. Cette même année un Aragonais, qui prit le nom d'Avellaneda, fit une suite de *Don Quichotte*, suite pitoyable, sans goût, sans gaieté, sans esprit, mais dans laquelle il disait beaucoup d'injures à Cervantes. Cette espèce de mérite fit lire l'ouvrage. Cervantes y répondit comme l'on devrait répondre à toutes les satires; il publia la seconde partie de *Don Quichotte*, supérieure encore à la première. Tout le monde convint de son mérite : mais plus on était forcé de lui rendre justice, moins on était fâché qu'un rival, même méprisable, insultât celui qu'il fallait admirer. L'Espagne n'est peut-être pas le seul pays du monde où la malignité, si sévère pour les bons ouvrages, est toujours indulgente pour les détracteurs. Tant que Cervantes vécut, on lut Avellaneda; dès qu'il fut mort, son ennemi fut oublié.

La seconde partie de *Don Quichotte* fut le dernier ouvrage imprimé pendant sa vie. Il travaillait encore au roman de *Persiles et Sigismonde*, lorsqu'il fut attaqué de la maladie dont il mourut : c'était une hydropisie. Il sentit bien qu'il ne pouvait guérir, et crai-

gnant de n'avoir pas le temps de finir son ouvrage,
il augmenta son mal par un travail forcé. Bientôt il
fut à l'extrémité. Tranquille et serein au lit de la
mort, comme il avait été patient dans ses malheurs,
sa constance et sa philosophie ne se démentirent pas
un moment. Quatre jours avant d'expirer, il se fit
apporter son roman de *Persiles*, et traça d'une main
faible l'épître dédicatoire adressée au comte de
Lémos, qui arivait en ce moment d'Italie. Cette
épitre mérite d'être rapportée ; la voici :

A DON PEDRO FERNANDÈS DE CASTRO,

Comte de Lémos, etc.

« Nous avons une vieille romance espagnole, qui
« ne me va que trop bien ; celle qui commence par
« ces mots :

« La mort me presse de partir,
« Et je veux pourtant vous écrire, etc.

» Voilà précisément l'état où je suis ; ils m'ont
« donné hier l'extrême-onction (1) ; je me meurs, et je
« suis bien fâché de ne pouvoir pas vous dire com-

(1) Ayer me dieron la extrema uncion.

« bien votre arrivée en Espagne me cause de plaisir.
« La joie que j'en ai aurait dû me sauver la vie ; mais
« la volonté de Dieu soit faite ! Votre Excellence saura
« du moins que ma reconnaissance a duré autant que
« mes jours. J'ai bien du regret de ne pouvoir pas finir
« certains ouvrages que je vous destinais, comme les
« *Semaines du Jardin*, le *Grand Bernard*, et les derniers
« livres de *Galatée*, pour laquelle je sais que vous
« avez de l'amitié : mais il faudrait pour cela un mi-
« racle du Tout-Puissant, et je ne lui demande que
« d'avoir soin de Votre Excellence. »

A Madrid, ce 19 avril 1616.

MICHEL DE CERVANTES.

Il mourut le 23 du même mois, âgé de soixante-huit ans et six mois. Le même jour, Shakespear mourut à Stratford, dans le comté de Warwick.

L'homme qui s'est conduit chez les Algériens comme nous l'avons vu, qui a fait *Don Quichotte*, et qui a écrit en mourant la lettre que l'on vient de lire, n'était pas un homme ordinaire.

FIN DE LA VIE DE CERVANTES.

DES OUVRAGES
DE CERVANTES.

Les premières poésies de Cervantes ne sont pas très-connues, et ne méritent guère de l'être. Ses sonnets, ses élégies, se ressentent trop du goût de son temps. Son plus bel ouvrage, celui qui a fait sa réputation, c'est le roman de Don Quichotte.

La raison, la gaieté, la fine ironie, répandues dans cet ouvrage, l'extrême vérité des portraits, la pureté, le naturel du style, ont rendu ce livre immortel. Je sais qu'il ne plaît pas également à tous les lecteurs français qui ne le lisent pas en espagnol: c'est la faute de la seule traduction que nous en ayons; elle est trop loin de l'élégance, de la finesse de l'original. Il semble que le traducteur ait regardé Don Quichotte comme un roman ordinaire, dont le seul mérite était d'être plaisant. Il a rendu le mot espagnol par le mot français qu'il trouvait dans le dictionnaire, sans comparer, sans choisir : il a oublié que, surtout dans le comique, aucun mot n'a de synonyme, qu'un seul est le bon, que tout autre est mauvais.

La manière dont il a traduit les morceaux de poésie, qui sont en grand nombre dans DON QUICHOTTE, ferait penser que les vers espagnols sont ridicules. Cependant ils sont presque tous agréables, peut-être un peu trop recherchés : mais Cervantes écrivait pour sa nation, dont le goût ne ressemble pas au nôtre; et son traducteur, qui écrivait pour nous, pouvait, en conservant les pensées de Cervantes, affaiblir quelques comparaisons, adoucir quelques images, et surtout donner de la douceur et de l'harmonie à ses vers. Il paraît n'avoir songé qu'à être littéral, et c'est encore un défaut pour des Français. Presque tous les livres étrangers nous paraissent trop prolixes : DON QUICHOTTE même a des longueurs et des traits de mauvais goût qu'il fallait retrancher, sans craindre le reproche de n'être pas exact. Quand on traduit un ouvrage d'agrément, la traduction la plus agréable est à coup sûr la plus fidèle.

Malgré tous ces défauts, l'ouvrage est si bon par lui-même, les épisodes si intéressans, les aventures si comiques, que tout le monde le relit; nos tapisseries, nos tableaux, nos estampes, nous offrent partout Don Quichotte; et il n'est point d'enfant qui ne rie en reconnaissant Sancho Pança.

Les Nouvelles de Cervantes ne valent pas Don Quichotte, à beaucoup près. Il en a fait douze, et quatre seulement sont dignes de lui : le Curieux impertinent, qu'il a inséré dans Don Quichotte; Rinçonet et Cortadille, tableau grotesque, mais vrai, des fripons de Séville; la Force du sang, la plus intéressante, la mieux conduite de toutes, et le Dialogue des deux Chiens. Cette dernière est une critique charmante, pleine de philosophie et de gaieté : les mœurs espagnoles y sont peintes avec tout le naturel et tout l'esprit de Cervantes. On nous a donné, il y a quelques années, une traduction française de ces douze Nouvelles; mais il faut les lire dans l'original.

Le Voyage au Parnasse est un ouvrage en vers, divisé par chapitres. Cervantes feint qu'Apollon, menacé par des légions de mauvais poètes, envoie Mercure en Espagne rassembler tous ses favoris, pour les conduire à la défense du Parnasse. Mercure vient trouver Cervantes, et lui montre la liste de ceux qu'Apollon appelle, et de ceux qu'il faudra combattre. On sent combien cette fiction peut prêter à un homme d'esprit que des sots ont outragé. Cet ouvrage n'est pas très agréable, et ne peut être piquant pour nous; je n'en connais point de traduction, non plus que de ses comédies.

Elles sont au nombre de huit, et Cervantes dit dans son prologue qu'il en a fait vingt ou trente. Cette incertitude paraîtra singulière à ceux qui savent combien une comédie est difficile à faire. Quoi qu'il en soit, celles qui nous restent diminuent nos regrets sur celles qui sont perdues. Je les ai toutes lues avec attention, aucune n'est supportable : point d'intérêt, point de conduite, souvent de l'esprit, toujours de l'invraisemblance; voilà le fonds de toutes ces pièces. Dans celle qui s'appelle L'HEUREUX RUFIEN, le héros, après avoir été, au premier acte, le plus grand coquin de Séville, se fait Jacobin au Mexique, dans le second acte : il est l'exemple du couvent, il a de fréquens combats sur le théâtre avec le diable, et demeure toujours vainqueur. Appelé pour exhorter au lit de la mort une dame du pays, dont la vie a été fort déréglée, le père Crux, c'est ainsi qu'il s'appelle, la presse en vain de se confesser : la malade s'y refuse; elle se croit trop coupable pour espérer son pardon : alors le père Crux, qui veut la sauver de l'impénitence finale, lui propose de se charger de ses péchés, et de lui donner ses mérites. Le troc se fait, le marché se signe, la mourante se confesse, les anges viennent recevoir son ame; les diables s'emparent du Jacobin, qui voit tout son corps couvert d'un ulcère épouvantable. Au troisième acte, il meurt, et fait des miracles. Voilà une des comédies de l'auteur de Don Quichotte, et c'est peut-être la meilleure.

Nous avons encore de Cervantes huit petites pièces, que les Espagnols appellent ENTREMESES : ces ouvrages valent mieux que ses comédies. Presque tous ont du comique et du naturel : quelques-uns sont trop libres ; mais deux surtout sont charmans : l'un appelé LA CAVE DE SALAMANQUE, est précisément notre SOLDAT MAGICIEN ; on a calqué l'opéra comique français sur l'ouvrage espagnol; l'autre, nommé LE TABLEAU MERVEILLEUX, a fourni à Piron l'idée d'un opéra en vaudevilles, LE FAUX PRODIGE, beaucoup moins joli que la petite pièce de Cervantes.

PERSILES ET SIGISMONDE, dont nous avons deux traductions assez peu fidèles, est un long roman chargé d'épisodes et d'aventures presque toujours incroyables. Il semble que Cervantes ait voulu imiter ces anciens romans grecs, estimés encore, et admirés autrefois. Mais toute son imagination, qui n'a jamais peut-être autant brillé que dans Persiles, ne peut rendre ses héros intéressans : leurs courses inutiles, leurs dangers invraisemblables, le mélange continuel de dévotion et d'amour, ont empêché ce livre d'atteindre à la réputation de son auteur. Cependant l'élégance du style, la vérité de quelques tableaux, et l'épisode de Ruperte, suffiraient pour le rendre précieux.

Il me reste à parler de Galatée, qui fut son premier ouvrage. Dans le temps qu'il l'écrivit, l'Espagne était la nation du monde la plus galante : l'amour faisait l'unique occupation des Espagnols et le sujet de tous leurs livres. Montemayor, célèbre poète, venait de donner un roman de Diane, que l'on a traduit en français. Cet ouvrage eut un grand succès, et le méritait à quelques égards : un style pur, beaucoup d'esprit, de la douceur, du sentiment, une poésie souvent enchanteresse, et surtout la naïveté touchante qui règne dans la Nouvelle du Maure Abindarraes, rachètent aux yeux des connaisseurs le fonds d'invraisemblance, les histoires de magie et le manque d'action que l'on reproche à la Diane de Montemayor.

Cervantes, qui connaissait tous ces défauts, comme

on peut le voir dans l'EXAMEN DE LA BIBLIOTHÈQUE
DE DON QUICHOTTE, en évita, mais ne les évita pas
tous. Ses aventures sont plus naturelles, ses personnages plus intéressans; mais son style, et surtout ses
vers, le mettent au-dessus de Montemayor. Gâté par
le malheureux goût de scolastique qui régnait alors,
Cervantes fait disserter ses bergers comme s'ils étaient
sur les bancs. Ils prononcent de longs traités pour
ou contre l'amour : ils y citent Minos, Ixion, Marc-
Antoine, Rodrigue, tous les héros de la fable et de
l'histoire. Si Tyrcis veut consoler son ami de ce qu'il
ne peut rien obtenir de sa bergère, il lui parle ainsi (1):
« On dit partout que Galatée est encore plus belle
« qu'elle n'est cruelle; mais on ajoute que, sur
« toutes choses, elle est spirituelle. Or, si c'est la vé-
« rité, comme cela doit être, il s'ensuit de son es-
« prit, qu'elle doit se connaître elle-même ; de cette
« connaissance, qu'elle doit s'estimer ; de cette es-
« time, qu'elle ne veut pas se perdre; et de cette vo-
« lonté, qu'elle ne veut pas céder à tes désirs. »

(1) Mas fama tiene Galatea de hermosa que de cruel ; pero
sobre todo se dice que es discreta : y si esto es la verdad, como
lo deve ser, de su discrecion nace el conocerse, y de conocerse estimarse, y de estimarse non querer perderse, y de no
querer perderse viene el no querer contentarte.
                                GALATEA, lib. II, p. 68.

Dans un autre endroit, un amant éloigné de sa maîtresse dit en vers (1) : « Quoique je paraisse voir, » entendre et sentir, je ne suis qu'un fantôme formé » par l'amour, et soutenu par la seule espérance. »

Dans tout l'ouvrage, le soleil n'éclaire le monde qu'avec la lumière qu'il reçoit des yeux de Galatée (2).

En voilà bien assez pour donner une idée du mauvais goût qui régnait alors, et auquel Cervantes lui-même n'a pas échappé. Mais, au milieu de toutes ces folies, on trouve des idées charmantes, du sentiment vrai, bien exprimé, des situations attachantes, les mouvemens et les combats du cœur. Voilà ce qui m'a fait choisir la GALATÉE de Cervantes pour en donner une imitation. Jusqu'à présent, personne ne l'a traduite; et ce roman est absolument inconnu aux Français.

Comme il est très-possible que mon travail ne réussisse point, je dois, pour la gloire de Cervantes, convenir ici de tous les changemens que j'ai faits à son ouvrage. GALATÉE, dans l'original, a six livres,

---

(1) Y aunque muestro que veo, oigo, y siento,
Fantasma soi por el amor formada,
Que con sola esperanza me sustento.

(2) Ante la luz de unos serenos ojos
Que al sol dan luz con que da luz al suelo.

et n'est point achevée ; j'ai réduit ces six livres à trois et je l'ai finie dans un quatrième. Presque nulle part je n'ai traduit ; les vers surtout ne ressemblent à l'espagnol que dans les endroits cités. Je n'ai pris que le fond des aventures, j'y ai même changé des circonstances, quand je l'ai cru nécessaire ; j'ai ajouté des scènes entières, comme le troc des houlettes dans le premier livre ; la fête champêtre et l'histoire des tourterelles dans le second ; les adieux au chien d'Elicio dans le troisième ; le quatrième en entier est de mon invention.

On me reprochera sans doute le trop grand nombre d'épisodes, et le peu d'événemens qui arrivent à Galatée. Dans Cervantes, il y a deux fois plus d'épisodes, et Galatée paraît beaucoup moins. Montemayor a fait la même faute dans sa Diane, qui n'est proprement qu'un recueil d'histoires différentes. Tel était le goût du siècle, tels ont été nos grands romans français, si long-temps à la mode, et dont les auteurs avaient pris les Espagnols pour modèles. Quant aux batailles, aux duels, qu'on sera peut-être étonné de trouver dans un ouvrage pastoral, c'est un tribut que Cervantes payait à sa nation. Je ne connais point de roman, point de comédie espagnole sans combats. Ce peuple, un des plus vaillans de l'Europe, et sans contredit le plus passionné, a besoin, pour qu'un livre l'amuse, d'y trouver des récits de guerre et d'amour. D'ailleurs, on doit pardonner à Cervantes, qui avait eu lui-même des aventures extraordinaires, d'avoir imaginé qu'elles seraient vraisemblables dans un roman.

Je n'ai plus qu'un mot à dire sur le jugement que j'ai osé porter de tous les ouvrages de Cervantes. Malgré l'étude particulière que j'ai faite de sa langue, je ne m'en serais pas rapporté uniquement à moi; mais j'ai été guidé par les lumières d'un Espagnol (1) qui aime les lettres autant que sa patrie, et qui a de commun avec Cervantes d'être encore plus célèbre par ses talens que par ses malheurs.

(1) M. le comte de Pilos.

GALATÉE,

PASTORALE

IMITÉE DE CERVANTES.

> On peut donner du lustre à leurs inventions :
> On le peut, je l'essaie, un plus savant le fasse.
> LA FONTAINE, II, 2.

A SON ALTESSE SÉRÉNISSIME

MADAME LA DUCHESSE D'ORLÉANS.

O vous qui, princesse ou bergère,
Deviez être l'exemple et l'idole des cœurs,
 Vous qui n'aimez de vos grandeurs
Que le bien que vous pouvez faire,

Daignez souffrir qu'à vos genoux
Une villageoise étrangère
Vienne vous choisir pour sa mère :
Sa mère.... avec ce mot l'on obtient tout de vous.
Tendez à Galatée une main secourable,
Elle est belle, sensible et sage autant qu'aimable ;
L'auteur la flatte, dira-t-on,
Et son livre n'est qu'une fable ;
Mais, si l'on y voit votre nom,
Le roman sera véritable.

GALATÉE.

LIVRE PREMIER.

Avant que le soleil ait éclairé nos plaines,
  Je fais retentir les échos,
Je fatigue les bois, les prés et les fontaines,
  Du triste récit de mes maux :
Mais les échos, les prés et les ruisseaux,
  Ne peuvent soulager mes peines.

Sur les gazons fleuris, à l'ombrage des chênes,
  Je ne trouve plus de repos.
Je gémis; le ramier joint ses plaintes aux miennes,
  Mes larmes troublent les ruisseaux :
Mais les ruisseaux, les prés, les bois et les échos,
  Ne peuvent soulager mes peines (1).

Telles étaient les plaintes d'Élicio, berger des rives du Tage. La nature l'avait comblé de ses dons; mais la fortune et l'amour ne l'avaient pas traité comme la

---

(1) Y assi un pequegno alivio al dolor mio
  No hallo en monte, en llano, en prado, en rio.

nature. Depuis long-temps il aimait Galatée, sans pouvoir encore se flatter d'en être aimé. Galatée était une simple bergère du même village qu'Élicio; mais elle eût été la reine du monde, si le monde s'était donné à la plus belle et à la plus sage.

C'est de Galatée et d'Elicio que je vais raconter les aventures : j'y joindrai celles de plusieurs amans que l'amour voulut éprouver; je décrirai les mœurs du village. Vous qui n'êtes heureux qu'aux champs; vous, ames sensibles, pour qui l'aspect d'une campagne riante, le bruit d'une source d'eau vive, sont des plaisirs presque aussi touchans que celui de faire une bonne action, puissiez-vous trouver quelque douceur à me lire!

De tous les bergers qui aimèrent Galatée, Elicio fut le plus tendre et le moins hardi. Son respect n'était pas la seule raison de sa timidité : Mœris, père de Galatée, était le plus riche laboureur du canton; Elicio n'avait pour tout bien qu'une cabane et quelques chèvres.

Érastre, son rival, était moins pauvre, sans être plus heureux. Erastre, jusqu'alors le plus insensible des pâtres, n'avait pu résister aux charmes de Galatée; mais il ne se flattait pas de lui plaire : trop simple pour être aimable, il savait mieux sentir que s'exprimer; la nature, en le formant, s'était contentée de lui donner un bon cœur.

Un jour qu'Élicio, dans un vallon solitaire, songeait à ce qu'il aimait, il vit venir Erastre, précédé de son troupeau, dont il laissait la conduite à ses chiens. Ces bons animaux semblaient deviner que leur maître était trop amoureux pour s'occuper de ses brebis; ils tournaient autour d'elles, pressaient les paresseuses, ramenaient celles qui s'écartaient, et faisaient à la fois leur devoir et celui du berger.

Dès qu'Érastre fut près d'Élicio : J'espère, lui dit-il, que vous n'êtes pas fâché de ce que j'aime Galatée; vous savez qu'il est impossible de ne pas l'aimer. Oui, je consens que mes agneaux, au moment où je les sèvrerai, ne trouvent dans les prairies que des herbes vénéneuses, s'il n'est pas vrai que mille fois j'ai tenté d'oublier mon amour. J'ai consulté tous les médecins du pays, aucun n'a pu me guérir; et je viens vous demander la permission de mourir avec mon mal. Vous ne risquez rien en me l'accordant, puisque vous, qui êtes le plus aimable des bergers; vous ne pouvez attendrir Galatée : que craignez-vous d'un pâtre comme moi?

Elicio sourit à ce discours : Mon ami, lui dit-il, je n'ai pas le droit d'être jaloux, tes chagrins sont les miens; ils doivent nous rendre chers l'un à l'autre. Dès ce moment, ne nous quittons plus; nous parlerons de Galatée, et l'amitié soulagera sans doute les peines que nous cause l'amour.

Les deux rivaux, devenus amis, allaient accorder leurs musettes, quand Galatée, avec son troupeau, parut sur la colline. Un simple corset, un jupon d'étoffe commune, composaient toute sa parure ; sa taille seule rendait cet habit charmant : ses longs cheveux blonds flottaient sur ses épaules ; un chapeau de paille garantissait son visage de l'ardeur du soleil. Simple comme la fleur des champs, elle était belle, et elle ne le savait pas.

Elicio s'avance pour lui parler ; mais les chiens de Galatée, qui ne laissaient approcher personne du troupeau, courent en grondant sur le berger. A peine l'ont-ils reconnu, que, honteux de leur méprise, ils baissent le cou, le flattent de leurs queues, et vont cacher leurs têtes sous ses mains caressantes. Le bélier conducteur, qu'Elicio avait souvent nourri de son pain, l'aperçoit et vient à lui, la tête haute, en agitant sa sonnette ; toutes les brebis le suivent. Elicio leur ouvre sa panetière ; il distribue aux chiens et au troupeau tout ce qu'elle contenait ; des larmes de joie coulent de ses yeux ; et la bergère, embarrassée de voir ses moutons reconnaître si bien son amant, se hâte d'arriver au bélier, le frappe de sa houlette en rougissant, et le force de s'éloigner d'Elicio.

Le berger lui reproche ce mouvement de colère : Pourquoi, dit-il, punir vos brebis, quand c'est moi que vous voulez punir ? Ces pâturages sont les meilleurs du canton; vous pouvez, en me fuyant, laisser ici vos agneaux; j'oublierai mes chèvres pour en avoir soin. Si cette faveur vous semble trop grande, choisissez l'endroit où vous voulez passer la journée, je m'en éloignerai pour qu'il vous soit plus agréable. Elicio, répondit Galatée, ce n'est pas pour vous fuir que je détourne mes moutons, je les mène au ruisseau des Palmiers, où je dois trouver ma chère Florise. Je suis reconnaissante de vos offres; je vous le prouve en dissipant vos soupçons. Elle parlait encore et continuait son chemin; Erastre lui cria de loin : Puisses-tu devenir amoureuse de quelqu'un qui te traite comme tu nous traites! Puisses-tu... Il en aurait dit davantage, si Galatée, en s'éloignant toujours, ne s'était mise à chanter. L'amant le plus en colère aime encore mieux écouter sa maîtresse que de lui dire des injures. Erastre se tut; Galatée chanta ces paroles :

Les soins de mon troupeau m'occupent tout entière;
C'est de mes seuls agneaux que dépend mon bonheur :
Quand j'ai trouvé pour eux une fontaine claire,
 S'ils sont contens, rien ne manque à mon cœur.

Je dors toute la nuit : quand l'aube va paraître,
Sans crainte et sans désir je vois venir le jour;
Ce doux repos m'est cher; je ne veux point connaître
 Ce vieux enfant que l'on appelle Amour.

Que les loups et l'Amour soient loin de ma retraite !
Trop heureuses brebis ! un chien sûr vous défend ;
Pour me défendre, hélas ! je n'ai qu'une houlette :
　　Mais c'est assez pour combattre un enfant.

En achevant sa chanson, Galatée était arrivée au ruisseau des Palmiers. Florise l'attendait, Florise, sa meilleure amie, la confidente de ses plus secrètes pensées. Elles s'assirent au bord de l'eau, et s'amusaient à cueillir des fleurs, lorsqu'elles aperçurent une bergère qui leur était inconnue. Cette étrangère, jeune et belle, paraissait accablée d'un chagrin profond. De temps en temps elle s'arrêtait, soupirait, et regardait le ciel avec des yeux mouillés de larmes. Trop occupée de ses malheurs pour apercevoir Galatée, elle s'approcha du ruisseau, prit de l'eau dans sa main, et lava ses yeux fatigués de pleurer. Hélas ! dit-elle, il n'y a point d'eau qui puisse éteindre le feu dont je suis consumée.

Galatée et Florise coururent vers l'étrangère : Si le ciel, lui dirent-elles, est aussi touché de vos pleurs que nous le sommes, bientôt vous n'aurez plus sujet d'en répandre. Nous plaignons vos malheurs sans les connaître : souvent on les soulage en les racontant ; mais nous n'osons vous demander un récit qui peut coûter à votre cœur. Ce récit, répondit l'inconnue, me privera peut-être de l'amitié que vous semblez

Galatéa P. 36.

me promettre. Quand vous saurez que l'amour a causé mes maux ; puis-je espérer que vous les plaindrez encore ? Les bergères, après l'avoir rassurée, la conduisirent dans un bosquet écarté ; elles s'assirent à l'ombre, et l'étrangère commença son histoire.

Mon village est sur les bords de l'Hénarès, célèbre par la fraîcheur de son onde : mon père est laboureur; les travaux champêtres occupaient seuls ma vie : tous les matins, je menais paître mes brebis. Seule au milieu des bois, la solitude ne m'ennuyait point : j'écoutais les oiseaux, je chantais avec eux ; je cueillais la rose vermeille, le lis sans tache, l'œillet bigarré ; un bouquet rendait heureuse ma journée ; je n'aimais rien que mes agneaux ; je ne cherchais dans la campagne que des fleurs et de l'ombre.

Combien de fois me suis-je moquée des larmes et des soupirs de quelques bergères qui me confiaient leurs amours ! Je me souviens qu'un jour la jeune Lidie vint se jeter à mon cou, et me baigna de ses pleurs. Alarmée de son désespoir, j'essuie ses yeux en l'embrassant ; je lui demande avec tendresse quel affreux malheur lui coûte tant de larmes. Ton père est-il mort ? m'écriai-je ; as-tu perdu ton troupeau ? Ah ! ma chère Téolinde, me répondit-elle, rien ne peut me consoler... Il est parti... il est parti... et ce matin j'ai vu la bergère Léocadie avec le ruban couleur de rose que j'avais donné l'autre jour à cet ingrat. Je vous avoue, aimables bergères, que je ne pus m'empêcher de rire à ce récit entrecoupé de sanglots. Lidie en fut offensée : elle me regarda, baissa la tête, et s'éloigna de moi. Je voulus la retenir : Téolinde, me dit-elle, puissiez-vous connaître un jour le mal que je souffre, et trouver dans vos confidentes la pitié que je trouve en vous ? Tel fut son souhait ; peut-être est-ce vous, bergères, qui l'accomplirez aujourd'hui.

J'étais libre et heureuse ; je ne le fus pas long-temps. Un jour, c'était la veille de la fête du village, j'étais allée avec plusieurs bergères chercher des rameaux et des fleurs pour en orner notre temple : nous trouvâmes sur le chemin une troupe de bergers assis à l'ombre des myrtes ; tous étaient nos amis ou nos parens : ils vinrent au-devant de nous. Six d'entre eux s'offrirent pour aller chercher les rameaux dont nous avions besoin : nous acceptâmes leur offre, et nous demeurâmes avec le reste de leurs compagnons.

Parmi ces jeunes gens était un étranger que je voyais pour la première fois. A peine je l'eus regardé, que je sentis courir dans mes veines un feu qui m'était inconnu : je me doutais pourtant de ce que c'était. Lidie était là ; je pensai tomber aux genoux de Lidie, et lui demander pardon de ne pas avoir plaint dans elle le mal que je sentais déjà.

Il était aisé de lire sur mon visage ce qui se passait dans mon ame; mais tout le monde était occupé de l'étranger. On lui demandait d'achever une chanson que notre arrivée avait interrompue : il la reprit, et je tremblai qu'elle ne parlât d'amour. S'il est amoureux, me disais-je, il ne doit songer qu'à l'amour. Heureusement il ne chanta que les plaisirs de la vie pastorale et les moyens de conserver les troupeaux : il ne dit rien de ce qui fait mourir les bergères.

A peine avait-il achevé, que nous vîmes revenir ceux qui étaient allés nous couper des rameaux. Ils en étaient si chargés, que, marchant sur la ligne, serrés les uns contre les autres, on aurait cru voir s'approcher une petite colline toute couverte de ses arbres. Quand ils furent près de nous, ils entonnèrent une ronde villageoise, à laquelle nous répondimes. Bientôt ils déposèrent leurs fardeaux, et vinrent offrir à chaque bergère une guirlande de différentes fleurs. Nous acceptâmes leurs dons, et nous nous disposions à retourner au village, lorsque le plus vieux d'entre eux, nommé Eleuco, nous arrêta: Il faut, dit-il, que chacune de vous nous récompense de nos peines, en donnant sa guirlande à celui qu'elle aimera le mieux. Cela est trop juste, répondit une de mes compagnes en posant sa guirlande sur la tête de son cousin : les autres suivirent son exemple, et choisirent toutes un de leurs parens. Je restai la dernière, et par bonheur je n'avais point là de cousin.

Je fis semblant d'être incertaine; puis, m'approchant de l'inconnu : Je vous donne cette guirlande, lui dis-je, au nom de toutes mes compagnes, pour vous remercier du plaisir que nous a fait votre chanson. Je prononçai ce peu de mots tout d'une haleine, sans oser lever les yeux sur celui que je couronnais; et ma main tremblait si fort, que la guirlande pensa m'échapper.

L'étranger reçut mon bienfait avec reconnaissance et modestie : il saisit l'instant où personne ne pouvait l'entendre pour me dire à voix basse : Je vous ai payé bien cher la guirlande que j'ai reçue; vous ne m'avez donné que des fleurs; et moi..... Il ne put achever. Mes compagnes me pressaient de partir : je ne lui répondis pas : mais je le regardai le plus long-temps qu'il me fut possible. Je ne m'occupai que de lui pendant le chemin; je ne songeai qu'à lui quand je fus arrivée.

Le lendemain, jour de la fête, après avoir adoré l'Éternel, tous les habitans du village et des environs se rassemblèrent sur la grande place pour s'exercer à différens jeux champêtres. Une troupe de jeunes gens, fiers de leur âge, de leur force, de leur agilité, se présente pour disputer le prix de la lutte, du saut, de la course. Chacun d'eux paraît devoir l'emporter. Je ne m'intéressais que pour un seul : mes vœux furent exaucés. Artidore, c'était le nom de mon étranger, fut vainqueur de tous les jeux, fut applaudi par tout le monde. Alanio, disait-on, court mieux que Silvain; Marsille est plus fort que Lisandre : mais Artidore l'emporte sur tous. J'écoutais ces paroles, et n'osais pas les redire; mais je faisais semblant de ne pas les avoir entendues, pour me les faire répéter.

Ce beau jour finit. Le lendemain nous nous rassemblâmes une douzaine de jeunes filles, l'élite du village. Précédées d'une musette, et nous tenant toutes par la main, nous allâmes gagner en dansant une prairie, où nous trouvâmes Artidore avec tous nos jeunes gens. Dès qu'ils nous virent, ils coururent se mêler à notre danse; chaque berger sépara deux bergères, et rompit notre chaîne pour la doubler. Alors les flûtes, les tambourins se joignirent à notre musette : la danse devint plus vive, et mon bonheur voulut que ma main se trouvât dans celle d'Artidore. Le saisissement que cette main me causa, pensa me faire rompre la chaîne. Artidore s'en aperçut, et m'enleva fortement en me pressant contre son sein : le remède était pire que le mal.

La danse finie, nous nous assîmes sur l'herbe.

Tout le monde désirait d'entendre chanter Artidore : il y consentit. Je n'ai jamais oublié sa chanson ; et je vais vous la répéter, malgré les pleurs que je donnerai peut-être à un si doux souvenir.

Jamais nous ne verrions briller un jour serein,
Toujours par la douleur l'ame serait flétrie,
Si l'amour ne venait consoler notre vie,
Et semer quelques fleurs sur ce triste chemin.
  Amour, l'on doit bénir tes chaînes :
  Si deux amans ont à souffrir,
  Ils n'ont que la moitié des peines,
  Et tu sais doubler leur plaisir.

Il n'est point de malheur pour un amant aimé ;
D'un seul mot, d'un souris dépend sa destinée ;
Le sort voudrait en vain la rendre infortunée ;
On lui dit, je vous aime, et son cœur est calmé.
  Amour, l'on doit bénir tes chaînes :
  Si deux amans ont à souffrir,
  Ils n'ont que la moitié des peines,
  Et tu sais doubler leur plaisir.

L'autre jour deux amans, à l'ombre d'un tilleul,
Sur leur hymen futur se contaient leurs alarmes ;
J'entendis qu'ils disaient en essuyant leurs larmes :
Souffrir deux est plus doux que d'être heureux tout seul.
  Amour, l'on doit bénir tes chaînes :
  Si deux amans ont à souffrir,
  Ils n'ont que la moitié des peines,
  Et tu sais doubler leur plaisir.

Il était temps de retourner au village : chaque berger offrit le bras à sa bergère. Soit hasard, soit adresse, Artidore me donna la main. Nous marchions en silence sans oser nous regarder ; mais chacun de nous deux observait l'instant où l'autre ne pouvait le voir pour lui jeter un coup-d'œil ; et dès que nos yeux se rencontraient, ils se baissaient vers la terre. Enfin je lui dis : Artidore, le peu de jours que vous nous donnez vous sembleront des années, si vous avez laissé dans votre village quelqu'un qui vous soit cher. Je donnerais tout ce que je possède, me répondit-il, pour que ces heureux jours durassent autant que ma vie. — Vous aimez donc bien les fêtes ? — Ah ! ce ne sont pas les fêtes... Il fit un soupir ; je soupirai aussi : il me serra la main ; je ne crois pas le lui avoir rendu.

Nous en étions là lorsque le vieux Eleuco, dont on respectait tous les avis, proposa de chanter une ronde pour entrer dans le village aussi gaiement que nous en étions sortis. Je m'en chargeai volontiers, et, saisissant cette occasion de donner quelques avis à Artidore, voici la ronde que je chantai en le regardant :

> Voulez-vous être heureux amant ?
> Soyez guidé par le mystère ;
> Celui qui sait le mieux se taire
> En amour est le plus savant.

Pour être aimé, soyez discret :
La clef des cœurs, c'est le secret (1).

En vain de l'amour on médit;
Le secret épure sa flamme;
L'amour est la vertu de l'ame,
Quand le mystère le conduit.
Pour être aimé, soyez discret :
La clef des cœurs, c'est le secret.

Souvent un seul mot peut ravir
Le prix d'une longue constance (2);
Cachez jusqu'à votre souffrance,
Pour savoir cacher le plaisir.
Pour être heureux, soyez discret :
La clef des cœurs, c'est le secret.

Ne confiez qu'à votre cœur
Vos succès et votre victoire;
Tout ce que l'on perd de la gloire

(1) En les estados de Amor
   Nardie llega a ser perfeto
   Sino el honesto y secreto
   Para llegar al suave
   Gusto de amor, si se acierta,
   Es el secreto la puerta,
   Y la honestidad la llave.

(2) Es ya caso averiguado,
   Que no se puede negar,
   Que a vezes pierde el hablar
   Lo que el callar ha ganado.

Retourné au profit du bonheur.
Pour être aimé, soyez discret :
La clef des cœurs, c'est le secret.

J'ignore si ma chanson plut à Artidore; mais il en profita. Pendant tout le séjour qu'il fit avec nous, il mit tant de circonspection, tant de prudence dans les soins qu'il me rendit, que la langue la plus maligne ne trouva pas un seul mot à dire.

J'étais certaine d'être aimée, et je n'avais pu cacher à mon amant que mon cœur était à lui. Nous étions convenus qu'il retournerait à son village comme il l'avait annoncé; et que peu de jours après il enverrait un ami de sa famille me demander à mon père. Nous étions sûrs tous deux que nos parens consentiraient à ce mariage : tout semblait d'accord avec nos projets, quand deux jours avant le départ d'Artidore, mon malheur fit revenir ma sœur jumelle d'un village voisin, où elle était allée voir une de mes tantes.

Cette sœur, par une fatalité bien rare, est mon portrait vivant. Son visage, sa taille, sa voix, tout est si semblable entre nous deux, que nos parens nous donnaient des habits différens pour nous reconnaître. Mais nos caractères sont bien loin de cette ressemblance; et si nos cœurs avaient été jumeaux, je ne verserais pas tant de larmes.

Dès le lendemain de son retour, ma sœur fit sortir le troupeau, et le conduisit au pâturage avant que je fusse éveillée. Je voulus aller la rejoindre; mais mon père me retint toute la journée: il fallut renoncer à l'espérance de voir Artidore. Le soir ma sœur revint, et me dit avec mystère qu'elle avait à me parler de quelque chose d'important. Le cœur me battit; je devinai mon malheur. J'allai m'enfermer avec elle: jugez de ce que je devins en entendant ces paroles:

Ce matin, ma sœur, je conduisais le troupeau sur les rives de l'Hénarès, lorsque j'ai vu venir à moi un jeune berger qui m'est inconnu: il m'a saluée, et m'a pris la main avec une familiarité qui m'a surprise et offensée. Mon silence et l'altération qu'il a dû remarquer sur mon visage n'ont pas été capables d'arrêter ses transports. Eh quoi! ma belle Téolinde, m'a-t-il dit, ne reconnaissez-vous pas celui qui vous aime plus que lui-même? J'ai bien vu, ma sœur, que j'étais prise pour vous; mais, comme votre réputation m'est chère, et qu'un berger aussi hardi pourrait lui faire grand tort, j'ai voulu vous débarrasser pour jamais de cet importun. Je me suis gardée de lui dire qu'il se trompait; et, prenant le ton que Téolinde aurait dû toujours avoir, j'ai répondu à ses discours avec une fierté, avec un dédain qui l'ont fort étonné; ce qui ne vous justifie pas trop, ma sœur. Mais, heureusement pour vous, mes paroles lui ont fait impression ; il m'a quittée en me nommant perfide, ingrate : et je crois pouvoir vous répondre que vous ne le reverrez plus.

Vous comprenez, aimables bergères, combien je souffrais pendant ce récit. J'aurais donné la moitié de ma vie pour être au lendemain, pour aller à l'instant même détromper mon malheureux amant. Ah! que la nuit me parut longue! les étoiles brillaient encore, que j'étais déjà dans les champs. Jamais mes pauvres brebis n'avaient marché si vite. J'arrive à l'endroit où j'avais coûtume de trouver Artidore; je le cherche, je l'appelle, je parcours le rivage, le bois, la campagne ; je ne trouve point Artidore. Reviens, m'écriai-je ; reviens, mon bien-aimé ! voici la véritable Téolinde, celle qui ne vit que pour t'aimer. L'écho répète mes paroles, et Artidore ne vient point. Enfin, lassée de tant de recherches, je vais m'asseoir au pied d'un saule, et j'attends que le jour soit plus grand pour parcourir de nouveau tous les lieux que j'avais parcourus.

A peine l'aube du matin laissait distinguer les objets, que j'aperçois des caractères tracés sur l'écorce d'un peuplier blanc. Je regarde, je reconnais la main d'Artidore, et je ne sais comment je pus lire sans mourir les vers que voici :

O vous dont l'inconstance égale la beauté,
Vous qui comptez pour rien vos sermens et ma vie,
 Vous ordonnez qu'elle me soit ravie;
 Elle est à vous comme ma liberté.
J'obéirai, cruelle, à votre ordre terrible :
Vous ne me verrez plus; mais, à mon dernier jour,
 Je veux parler de mon amour;
Oui, je veux répéter à votre ame insensible
Le serment que je fis, hélas! pour mon malheur :
 En l'écrivant sur l'écorce flexible,
Il restera gravé mieux que dans votre cœur.
Adieu : jusqu'au tombeau le mien vous a chérie :
Pour ne plus vous le dire, il a fallu mourir;
 Si mon trépas vous arrache un soupir,
 Ma mort sera plus douce que ma vie (1).

Je lus deux fois sans pleurer ces tristes adieux : je voulus les relire encore; mais les larmes m'en empêchèrent; et, si ces larmes n'étaient venues, je serais morte sur-le-champ. La douleur m'ôta dès ce moment le peu de raison que l'amour m'avait laissée. Je ré-

---

(1) Las letras que fijaré
 En esta aspera corteza,
 Creceran con mas firmeza
 Que no ha crecido tu fé :
 Y en caso tan desdichado
 Tendre por dulce partido,
 Si fui vivo aborrecido,
 Ser muerto, y por ti llorado.

LIVRE I. 45

solus de tout abandonner pour courir après Artidore. Je voulais partir à l'instant; mais je ne pouvais quitter ce peuplier où mon arrêt était tracé. J'essaie inutilement d'enlever cette écorce; je la baise mille fois, je la baigne de mes pleurs, et je prends la fuite à travers la campagne, en répétant les derniers mots que j'avais lus.

J'arrive sur ces bords; ils ne sont pas éloignés de la patrie de mon amant. Jusqu'à présent personne n'a pu me donner de ses nouvelles. Je veux le chercher encore quelques jours; mais, si ma recherche est vaine, si mon Artidore n'est plus, mon parti est pris, je le suivrai; oui, s'écria-t-elle en fondant en larmes, je le suivrai; c'est ma dernière espérance.

Tel fut le récit de Téolinde. Galatée et Florise s'efforcèrent de la consoler : Restez ici, lui dit Galatée, nous vous aiderons à retrouver Artidore; et, jusqu'à ce moment, nous le pleurerons avec vous. Téolinde, touchée de ces offres, embrassa Galatée, et lui promit de ne pas la quitter de quelques jours.

Le soleil s'était couché, et les trois bergères rassemblèrent le troupeau pour le ramener au village. Elles n'étaient pas encore à la moitié du chemin, quand Galatée s'aperçut qu'elle avait oublié sa houlette : elle pria Florise et l'étrangère de veiller à ses brebis, et retourna seule pour la chercher. Elle découvrit bientôt à travers les arbres un vieux berger nommé Lénio, assis à la place qu'elle avait occupée; il tenait dans ses mains la houlette qu'elle venait reprendre.

Dans le même instant Elicio, qui retournait à sa cabane avec son petit troupeau de chèvres, vint à passer, et, reconnaissant la houlette de Galatée, il s'arrête en regardant Lénio d'un air étonné. Galatée, attentive au mouvement d'Elicio, se cache derrière un buisson pour écouter ce qu'il va dire.

De qui tiens-tu cette houlette? demande Elicio d'une voix animée. Je viens de la trouver ici, lui répond le vieux berger, et je la destine à Bélise, qui ne refusera pas un si beau présent. — Je souhaite que tu puisses attendrir Bélise par le don de cette houlette; mais la mienne est encore plus belle; regarde comme l'écorce, adroitement enlevée, semble former tout autour une branche de lierre? Que veux-tu que je te donne pour la changer contre celle que tu tiens? — Je veux la plus belle de tes chèvres. — Ah! j'y consens : je n'en ai que six, les voilà; tu peux choisir. Le vieux Lénio n'eut pas de peine à se décider : des six chèvres d'Elicio, une seule était près de mettre bas; ce fut celle-là qu'il choisit. Elicio, transporté, lui donna la chèvre, changea de houlette, et l'embrassa de tout son cœur. Les deux bergers, également satisfaits, se séparèrent; et Galatée, toute pensive, rejoignit Florise et Téolinde qui lui demandèrent des nouvelles de sa houlette : Quelqu'un l'a prise, répondit la bergère, mais je n'y ai pas de regret.

Cependant les ombres de la nuit commençaient à noircir les montagnes ; les oiseaux, rassemblés sous le feuillage, se disputaient avec un murmure confus la branche où ils passeraient la nuit; on entendait de tous côtés les chalumeaux des bergers, et les sonnettes des brebis qui s'approchaient du village ; les bergères, en y rentrant, trouvèrent de grands apprêts de fêtes ; on leur en dit le sujet. Daranio, un des plus riches laboureurs, devait épouser le lendemain Silvérie, dont les yeux bleus faisaient toute la dot. Le prodigue amant voulait célébrer son bonheur par la noce la plus brillante. Il y avait invité tous les bergers des villages voisins, et le fameux Tyrcis, qui n'avait point d'égal dans l'art de chanter ou de jouer de la flûte, venait d'arriver avec son ami Damon. Téolinde espéra qu'Artidore pourrait se trouver à ces noces, elle résolut d'y suivre Galatée. Tous les bergers se préparèrent aux jeux et aux combats qui devaient remplir cette belle journée.

FIN DU PREMIER LIVRE.

LIVRE SECOND.

Quand pourrai-je vivre au village? quand serai-je le possesseur d'une petite maison entourée de cerisiers? Tout auprès seraient un jardin, un verger, une prairie, et des ruches : un ruisseau bordé de noisetiers environnerait mon empire; et mes désirs ne passeraient jamais ce ruisseau. Là, je coulerais des jours heureux; le travail, la promenade, la lecture, occuperaient tous mes momens. J'aurais de quoi vivre; j'aurais encore de quoi donner : car sans cela point de richesse; c'est n'avoir rien que n'avoir que pour soi. Si je pouvais jouir de tous ces biens avec une épouse sage et douce, et voir nos enfans, jouant sur le gazon, se disputer à qui courra le mieux pour venir embrasser leur mère, je croirais devoir exciter l'envie de tous les rois de l'univers.

Tel était le sort des bergers dont j'écris l'histoire : un doux mariage couronnait presque toujours une longue passion. Daranio, amant aimé de Silvérie, allait devenir son époux. Au lever de l'aurore, tous les habitans du village et des alentours étaient déjà sur la grande place. L'un avait fait des guirlandes pour en orner la porte de la maison des mariés ; l'autre, avec son tambourin et sa flûte, leur donnait une joyeuse aubade. Ici, l'on entendait la champêtre musette ; là, le violon harmonieux : plus loin, l'antique psaltérion. Celui-ci mettait des rubans à ses castagnettes, celui-là des bouquets à son chapeau ; chacun voulait plaire à sa maîtresse ; tous étaient animés par l'amour et par la joie.

Les nouveaux mariés ne se firent pas attendre ; on les vit arriver parés de leurs plus beaux habits. Galatée et les jeunes filles conduisaient Silvérie ; Elicio et les bergers entouraient Daranio. Cette aimable troupe prit le chemin du temple au bruit de tous les instrumens.

Après s'être juré une éternelle fidélité, les deux époux retournèrent à la grande place, et toutes les jeunes filles coururent chercher les présens qu'elles destinaient à la mariée. L'une revient offrir à Silvérie un panier de fruits ; l'autre porte dans son chapeau des œufs frais que ses poules ont pondus : celle-ci donne la poule même ; celle-là un jeune coq ; toutes, sans regret et sans vanité, font une offrande proportionnée à leurs richesses.

Galatée approche à son tour, elle apportait deux tourterelles qu'un valet de son père venait de prendre au filet. La bergère craignait de leur faire mal; et ses deux mains pouvaient à peine suffire pour tenir les deux oiseaux : leurs ailes blanches, leurs becs couleur de rose s'échappaient sans cesse entre ses doigts. Elle se presse d'arriver à Silvérie; et la saluant d'un air gracieux : Ma bonne amie, lui dit-elle, voici des oiseaux qui veulent vivre avec vous, je vous prie de les recevoir; tous les époux fidèles leur doivent un asile. En disant ces mots elle présente les colombes : Silvérie avance ses mains pour les prendre, Galatée ouvre les siennes; les deux oiseaux profitent du moment, ils s'échappent en rasant de l'aile le visage des deux bergères, et s'élèvent dans les airs. Silvérie étonnée, Galatée presque triste, les suivent des yeux, et les perdent bientôt de vue; alors elles se regardent sans rien dire, et tout le monde rit, excepté Galatée.

Elicio s'approcha d'elle, et lui dit à voix basse : Ces oiseaux vous ont punie de ce que vous ne les gardiez pas; mais ils auront besoin de vous revoir, et j'ose vous répondre qu'ils reviendront vous trouver. Je n'y compte pas, dit Galatée, et je m'en console s'ils sont plus heureux. Aussitôt elle envoya chercher dans sa bergerie un bel agneau qui remplaça les tourterelles.

Pendant que l'on offrait les présens, plusieurs tables s'étaient dressées sous une épaisse feuillée :

elles sont bientôt couvertes de mets. Daranio, qui donnait la fête, fait asseoir les mères, les vieillards et les jeunes filles; les jeunes garçons restent debout pour les servir. Plus loin, sur une espèce de théâtre soutenu par des tonneaux, des musiciens vont se placer. La symphonie commence; on l'interrompt souvent par des cris de joie; le plaisir, la gaieté brillent sur tous les visages : on parle, on écoute, on rit tout à la fois; tout le monde est content, tout le monde est heureux : on croirait que chaque berger vient d'épouser sa maîtresse.

Pour que rien ne manque à la fête, quand le repas est achevé, Daranio propose un combat pastoral. Silvérie détache sa guirlande, et déclare qu'elle sera le prix de celui qui chantera le mieux sa bergère. Alors les instrumens se taisent, toutes les jeunes filles regardent leurs amans, tous les bergers se préparent à chanter. Érastre même veut entrer en lice; mais le fameux Tyrcis se lève, et Érastre va se rasseoir. Personne n'ose combattre avec Tyrcis. Le seul Élicio se présente : Berger, lui dit-il, je ne prétends pas vous disputer la guirlande; mais je veux célébrer celle que j'aime. Un profond silence règne dans l'assemblée; les deux rivaux chantent alternativement ces paroles :

TYRCIS.

La charmante Phyllis est celle que j'adore;
L'amour et ma Phyllis soutiendront mes accens.
Vous qui la connaissez, n'écoutez pas mes chants;
J'ai prononcé son nom, que puis-je dire encore?

ELICIO.

Je veux cacher le nom de l'objet qui fit naître
Ce feu dont je me sens embrasé pour jamais :
Hélas! je me trahis si je peins ses attraits :
Comme elle est la plus belle, on va la reconnaître.

TYRCIS.

La pomme colorée est la fidèle image
Du teint vif et brillant de ma chère Phyllis;
Ses regards languissans, l'arc de ses noirs sourcils
Retiennent tous les cœurs dans un doux esclavage.

ELICIO.

La rose au teint vermeil, la neige éblouissante,
Ressemblent aux appas dont je suis enchanté;
Cette neige résiste aux ardeurs de l'été;
L'hiver ne flétrit point cette rose brillante (1).

TYRCIS.

Phyllis depuis deux ans cause seule mes peines;
Je l'aimai dès le jour où je vis ses yeux bleus;
L'Amour m'attendait là, caché dans ses cheveux (2),
Et de ses tresses d'or il fit pour moi des chaînes.

---

(1) La blanca nieve, y colorada rosa,
    Que el verano no gasta, ni el invierno, etc.

(2) En las rubias madejas se escondia.

LIVRE II.

ELICIO.

L'amour depuis long-temps me tient sous sa puissance.
Quand j'aperçus l'objet dont je suis amoureux,
Je vis l'enfant ailé sourire dans ses yeux ;
Dans mon cœur aussitôt je sentis sa présence.

TYRCIS.

Comme un miroir brisé mille fois nous présente
L'objet qu'il multiplie à nos regards surpris :
De même un seul coup-d'œil de ma belle Phyllis
Grave dans tous les cœurs son image charmante (1).

ELICIO.

Comme un agneau bêlant qui demande sa mère
Saute et bondit de joie en la voyant venir :
De même vous verriez nos bergers tressaillir
Quand à leurs yeux charmés vient s'offrir ma bergère.

TYRCIS.

Je garde à ma Phyllis, pour le jour de sa fête,
Deux chevreaux tachetés qu'avec soin je nourris :
J'en serai trop payé, si je reçois pour prix
Les bluets dont Phyllis a couronné sa tête.

ELICIO.

Je ne peux rien offrir à la beauté que j'aime :
Hélas ! je n'eus jamais que mon cœur et mon chien.
Mon cœur depuis long-temps est devenu son bien ;
Mon chien la suit déjà comme un autre moi-même.

(1) No se ven tantos rostros figurados
En roto espejo o hecho por tal arte,
Que si uno en el se mira, retratados
Se ve una multitud en cada parte.

Les deux bergers cessèrent de chanter. Silvérie, incertaine, aurait voulu donner deux prix. Vos talens sont égaux, leur dit-elle; je n'ose et je ne puis choisir. Que chacun de vous reçoive une branche de laurier, et souffrez que la guirlande appartienne à ma meilleure amie. En disant ces mots, elle offrit à Tyrcis et à Elicio deux couronnes égales; et, se retournant vers Galatée, elle posa la guirlande sur sa tête.

La musique donna bientôt le signal de la danse. Élicio vint prier Galatée de danser avec lui. La bergère rougit et accepta. Auriez-vous désiré, lui dit Elicio d'une voix tremblante, que Tyrcis eût remporté le prix? Non, répondit Galatée; j'aurais été fâchée, pour l'honneur de notre village, de vous voir vaincu par un étranger. Après ce peu de mots, ils n'osèrent plus se parler.

La nuit vint, et tout le monde alla souper chez Daranio, excepté Galatée, qui ramena chez elle Florise et la triste Téolinde. Dès que ces trois bergères furent parties, Élicio prit le chemin de sa cabane avec Erastre, Tyrcis et Damon : ces deux derniers étaient depuis long-temps les bons amis d'Elicio, et connaissaient son amour et ses peines.

Ils n'avaient pas fait encore beaucoup de chemin, lorsqu'en passant au pied d'un antique ermitage, situé sur une petite colline, ils entendirent le son d'une harpe. Arrêtons-nous, leur dit Erastre, pour écouter la voix d'un jeune homme qui, depuis quinze jours, est venu se faire ermite ici. Je lui ai parlé plusieurs fois. D'après ses discours, je crois que c'est un grand seigneur que ses malheurs ont forcé de quitter le monde; et si Galatée continue à me traiter aussi mal, j'ai le projet de me faire ermite avec lui.

Ces paroles d'Erastre inspirèrent aux bergers le désir de connaître l'ermite. Ils montèrent la colline sans bruit, et découvrirent bientôt un jeune homme de vingt-deux ans à peu près, assis sur un morceau de roc : il était vêtu d'une bure grossière : une corde lui servait de ceinture; ses jambes et ses pieds étaient nus; il tenait dans ses mains une harpe dont il tirait des sons plaintifs; ses yeux humides étaient tournés vers le ciel, et de longues larmes sillonnaient ses joues. Le silence de la nuit, la clarté pâle de la lune, la sainte horreur de l'ermitage, tout semblait préparer l'ame aux accens tristes de l'ermite. Après avoir préludé quelque temps, il chanta ces paroles :

En vain j'adresse au ciel une plainte importune;
Le ciel n'écoute plus mes accens douloureux :
Le redoutable amour, la volage fortune,
Tout, jusqu'à l'amitié, seul bien des malheureux,
Semble se réunir pour combler ma misère.
Je remplis mon destin, je suis né pour souffrir :

Mon cœur n'a plus rien sur la terre ;
Je ne peux plus aimer, et je ne peux mourir.

Pure et sainte amitié, doux charme de la vie,
Je t'immolai l'amour; mais qu'il m'en a coûté !
Rends du moins le repos à mon ame flétrie :
On dit que tu suffis pour la félicité.
Loin de me soulager, tu combles ma misère.
Je remplis mon destin ; je suis né pour souffrir :
Mon cœur n'a plus rien sur la terre ;
Je ne peux plus aimer, et je ne peux mourir.

L'ermite se tut : sa tête se pencha sur son épaule, ses mains quittèrent les cordes de la harpe, et tombèrent sans mouvement à ses côtés. Les bergers coururent à son secours ; Erastre le prit dans ses bras et le fit revenir à lui. L'ermite le regarda long-temps, comme quelqu'un qui se réveille au milieu d'un songe effrayant : Berger, lui dit-il, les soins que vous me donnez ne font que prolonger mes maux, et une vaine reconnaissance est tout ce que je puis vous offrir. Vous pouvez nous raconter vos malheurs, lui dit Tyrcis ; la tendre amitié que déjà vous nous avez inspirée est digne de cette confiance. Ah ! l'amitié... reprit l'ermite, quel nom avez-vous prononcé ! Mais je ferai ce que vous désirez. Je vous ai plus d'une obligation ; c'est dans votre village que je vais demander le peu d'alimens nécessaires à ma triste existence ; on m'en donne toujours plus qu'il ne m'en faut. Puisque je vous dois ma vie, il est juste que vous en connaissiez les peines. A ces mots, les bergers se pressèrent autour de lui, et le jeune ermite commença son récit.

Dans l'ancienne et fameuse ville de Xérès (1), dont Minerve et Mars ont toujours protégé les habitans, vivait un jeune cavalier nommé Timbrio. Sa haute valeur était la moindre de ses qualités. Entraîné par une sympathie invincible, je mis tout en œuvre pour obtenir son amitié : je réussis. Toute la ville oublia bientôt les noms de Timbrio et de Fabian, c'est le mien ; et l'on nous appela simplement *les deux amis*.

Nous méritions un si doux surnom : toujours ensemble, nos belles années passaient comme des instans ; nos seules occupations étaient les exercices de Mars ; nos délassemens, la chasse ; nos passions, l'amitié. Ce bonheur dura jusqu'au jour, le plus fatal de ma vie, où Timbrio eut une querelle avec un cavalier nommé Pransile. La famille de mon ami l'obligea de s'éloigner : mais il écrivit à Pransile qu'il allait à Naples, où il le trouverait toujours prêt à terminer leur différend comme il convient à des gentilshommes.

(1) En la antiqua y famosa ciudad de Xerès, cuyos moradores de Minerva y Marte son favorecidos, etc.

J'étais malade et hors d'état de suivre mon ami. Notre adieu fut mêlé de beaucoup de larmes : je lui promis de le rejoindre aussitôt que ma santé me le permettrait. Mais je sentis bientôt que son absence me fatiguait plus que ma maladie ; et sachant qu'il y avait à Cadix quatre galères qui appareillaient pour l'Italie, je résolus de m'embarquer. L'amitié me donna des forces que la convalescence me refusait : je me rendis à bord ; le vent seconda mes projets, et me fit arriver à Naples en peu de jours.

Il était nuit quand je descendis sur le port. En traversant une rue, j'entendis un cliquetis d'épées, et j'aperçus un homme qui, le dos appuyé contre une muraille, se défendait seul contre quatre assassins. Je vole à son secours ; j'étais suivi de plusieurs valets qui me secondent. Cette attaque imprévue fait prendre la fuite aux quatre lâches ; je cours à l'inconnu, je lui parle, je l'envisage : c'était Timbrio.

Je le serrai dans mes bras en versant des larmes de joie ; mais je payai bien cher le plaisir d'une si douce réunion : mon ami était blessé ; et l'émotion que lui causa ma vue achevant d'épuiser ses forces, il tomba dans mes bras, évanoui et tout sanglant. J'envoie chercher du secours ; Timbrio revient à lui : un chirurgien visite sa blessure, et me répond qu'elle n'est pas mortelle. Cette assurance me console : nous faisons un brancard de nos bras, et nous portons chez lui mon malheureux ami.

Ce fut là que j'appris la cause de cet assassinat. Timbrio, en arrivant à Naples, avait remis des lettres d'Espagne à un des premiers citoyens de la ville, dont la famille était espagnole. Reçu dans sa maison comme un compatriote aimable, mon ami n'avait pu résister aux charmes de sa fille aînée Nisida, la plus belle et la plus sage des Napolitaines. Son respect et sa timidité ne lui permirent jamais d'avouer son amour. Mais un prince italien, amoureux de Nisida, devina qu'il avait un rival; et craignant la valeur autant que le mérite de Timbrio, il avait eu la lâcheté de le faire assassiner. Cette aventure se répandit dans la ville et vint aux oreilles du père de Nisida. Il fut indigné que le nom de sa fille s'y trouvât mêlé, et défendit au prince italien et à mon ami de revenir jamais dans sa maison.

Cette défense fit plus de mal à Timbrio que sa blessure. Dévoré d'une passion que les obstacles ne faisaient qu'accroître, au désespoir de ne s'être pas déclaré quand il le pouvait, il voulait revoir Nisida à quelque prix que ce fût. Tous les moyens lui semblaient aisés et lui paraissaient impossibles : il écrivait cent lettres qu'il déchirait; mille projets impraticables se succédaient dans son esprit. Tant d'inquiétudes, tant de chagrins enflammèrent sa blessure : mon ami fut bientôt en danger. Je résolus, pour le sauver, de m'introduire chez sa maîtresse.

Je m'habillai comme un captif nouvellement racheté; je pris une guitare; et, me promenant tous les soirs dans la rue de Nisida en chantant de vieilles romances, je passai pour un Espagnol échappé des mains des infidèles. Bientôt on ne parla dans le quartier que du captif musicien. Le père de Nisida voulut entendre mes romances : je fus admis dans sa maison. C'est là que je vis cette Nisida; c'est là que je perdis le repos et le bonheur de ma vie. J'osai regarder ce visage céleste, cette taille charmante, ces yeux si tendres, dont l'éclat était tempéré par une légère empreinte de mélancolie; je sentis sur-le-champ le poison couler dans mes veines. Il fallait fuir, je n'en eus pas la force; et ce seul moment me rendit aussi malade que Timbrio.

On me pria de chanter, je pouvais à peine parler. J'obéis cependant, et je choisis une romance orientale qu'un esclave persan m'avait apprise.

Ici tous les bergers supplièrent l'ermite de leur dire cette romance. Il reprit sa harpe, et chanta d'une voix douce ces paroles :

> Le beau Nelzir aimait Sémire;
> Sémire aimait le beau Nelzir :
> Se voir, s'aimer et se le dire,
> Était leur vie et leur plaisir.

Le bonheur tient à peu de chose ;
Un rien le fait évanouir :
Hélas ! d'une feuille de rose
Dépendait le sort de Nelzir.

Tant que sur sa tige fleurie
La feuille fatale tiendra,
Nelzir doit conserver la vie ;
Si la feuille tombe, il mourra.
Sémire, toujours attentive,
Ses beaux yeux fixés sur la fleur,
D'une main timide cultive
Le rosier qui fait son bonheur.

Un jour sur sa bouche mi-close
Nelzir imprime un doux baiser :
Sémire veut le rendre, et n'ose ;
En vain l'Amour lui dit d'oser.
C'est à la fleur à peine éclose
Qu'elle rend ce baiser charmant.
Mais sa bouche effeuille la rose,
Sémire a tué son amant.

Nelzir tombe aux pieds de Sémire,
Sans sentiment et sans couleur :
Il presse sa main, il expire ;
L'amour quitte à regret son cœur.
Sémire, interdite et tremblante,
Sur ses lèvres cherche la mort ;
Et, pressant sa bouche expirante,
Par un baiser finit son sort.

Nisida avait une sœur cadette nommée Blanche, presque aussi belle que son aînée. La jeune Blanche parut écouter ma romance avec plus de plaisir que personne : elle loua beaucoup ma voix. Je la remerciai en regardant sa sœur. Leur père me pria de revenir; j'hésitai long-temps avant de profiter de cette permission; j'étais sûr d'enfoncer davantage le trait qni déchirait mon cœur; mais, pressé par mon ami, entraîné par mon amour, je retournai chez Nisida, je la revis, et tout espoir de guérison me fut ôté.

Jugez des combats qui se passaient dans mon ame; j'aimais Timbrio plus que ma vie; j'aimais Nisida peut-être plus que Timbrio; je la voyais tous les jours; je ne pouvais pas la fuir pour l'intérêt même de mon ami : cet ami, faible et convalescent, ne se soutenait que par l'espérance que lui donnaient mes soins. Le temps, loin de me soulager, ne pouvait qu'ajouter à mes maux : chaque instant redoublait ma passion, mes remords et mes tourmens. Ma santé n'y résista pas; mon visage perdit bientôt les couleurs de la jeunesse; mes yeux, éteints et enfoncés, pouvaient se tourner à peine vers celle qui me faisait mourir. Le père de Nisida me témoigna son inquiétude; elle-même, et surtout sa sœur Blanche, me prièrent un jour avec le plus tendre intérêt de ne leur rien cacher de mes chagrins. Je raffermis mon cœur; je me rappelai tout ce que je devais à mon ami; et, résolu d'expirer plutôt que de le trahir, j'eus la force de leur dire ces paroles :

Vous plaindrez davantage mes maux quand vous saurez que l'amitié les cause. Un jeune cavalier, mon compatriote et mon intime ami, est amoureux de l'objet le plus beau qui soit au monde : il le respecte trop pour oser lui parler de sa passion; ce respect lui coûte la vie. C'est lui que je pleure; c'est le plus honnête et le plus aimable des hommes, qu'un amour malheureux va faire descendre au tombeau.

A cet endroit, Nisida m'interrompit. Fabian, je n'ai jamais connu l'amour; mais il me semble qu'il y aurait de la simplicité à mourir, plutôt que d'oser dire à une femme qu'on l'aime. D'abord cet aveu ne peut l'offenser; et, en supposant qu'il soit mal reçu, on est toujours à temps de mourir. — Belle Nisida, quand on considère l'amour avec des yeux indifférens, on ne voit que des jeux d'enfans dont on se moque, ou dont on a pitié; mais, quand le cœur est blessé, l'esprit et la raison, loin de nous être utiles, sont les premiers à nous égarer. Tel est l'état de mon ami. A force de prières, j'ai obtenu de lui qu'il écrirait à celle qu'il aime; je me suis chargé de la lettre, et je la porte toujours avec moi, dans l'espérance de pouvoir la rendre. — Ne pourrai-je pas voir cette lettre? je suis curieuse de connaître le style d'un amant véritablement épris?

Je ne laissai pas échapper une si belle occasion ; je tirai de mon sein le billet que Timbrio m'avait remis quelques jours auparavant ; il était conçu en ces termes :

« J'étais décidé, madame, à ne jamais rompre le « silence : j'aimais mieux mourir avec votre pitié que « de vivre avec votre colère. Mais il serait trop affreux « de ne pas vous apprendre que je vous adore. Si cet « aveu ne vous offense pas, je sens que je chérirai « encore la vie pour vous la consacrer : si ma témé-« rité vous paraît punissable, ma mort l'expiera « bientôt. »

Nisida lut cette lettre avec beaucoup d'attention. Je ne crois pas, me dit-elle, qu'une déclaration d'amour aussi respectueuse puisse déplaire ; je t'exhorte à rendre ce billet sans crainte qu'il soit mal reçu. Il n'est pas encore temps, lui répondis-je ; mais mon ami se meurt ; et vous pourriez sauver ses jours. — Eh ! comment ? — Faites réponse à ce billet, comme s'il s'adressait à vous : cet innocent artifice lui rendra la vie, et me donnera le temps de trouver l'occasion que je désire. — Non, je n'ai jamais répondu à des lettres d'amour, et je ne voudrais pas commencer par un mensonge : mais qui t'empêche de rapporter à ton ami tout ce qui vient de se passer, en mettant le nom de celle qu'il aime à la place du mien ? Tu lui diras qu'elle a lu sa lettre, qu'elle t'a exhorté à la rendre; qu'à la vérité tu n'as pas osé lui dire que le billet était pour elle-même, mais que tu as lieu d'espérer qu'elle l'apprendra sans colère. Cette ruse doit être utile à la santé de ton compatriote, et ne peut être démentie par rien, lorsque tu auras parlé à sa véritable maîtresse.

Surpris de cette invention, je balbutiai quelques paroles de remerciement, et je courus tout rapporter à Timbrio. L'espoir qu'il en conçut, ses transports, sa reconnaissance, furent autant de liens qui m'enchaînèrent davantage à mon devoir. Je redoublai de soins auprès de Nisida; et, en proie à une passion que sa vue ne faisait qu'accroître, je ne lui parlai que de mon ami; j'employai pour lui les expressions que mon cœur me fournissait pour moi-même, et je fis servir à l'amitié jusqu'au sentiment qui aurait dû la détruire.

Enfin j'osai tout déclarer. J'appris à Nisida que mon ami était ce Timbrio qui avait pensé mourir pour elle. J'exaltai sa naissance, ses qualités, ses vertus; en un mot, je le peignis comme je le voyais. Nisida ne l'avait pas oublié; elle me marqua une surprise vraie ou feinte, me reprocha ma hardiesse, me menaça de tout dire à son père : mais, à travers la colère qu'elle s'efforçait de montrer, je vis clairement que Timbrio était aimé.

Ce fut le dernier coup pour moi. Je l'attendais depuis long-temps; il n'en fut pas moins sensible. Je résolus d'apprendre à Timbrio son bonheur, et de m'enfuir ensuite pour aller mourir dans un désert. Mais je comptais trop sur mon courage : au moment où j'entrepris de dire à mon rival qu'il était aimé, je perdis la parole; mes yeux se remplirent de larmes : vainement je voulus cacher mon trouble : mes sanglots me trahirent, mes forces m'abandonnèrent, et je tombai dans les bras de mon ami en le baignant de mes pleurs.

Timbrio, surpris et effrayé, me soutient, m'embrasse, me questionne; il veut savoir la cause d'une si vive affliction : je me tais; il me presse : je baisse les yeux... Ah! je t'entends, s'écrie-t-il, tu l'aimes, tu l'aimes : et! comment ne l'aurais-tu pas aimée! Ton cœur gémit du sacrifice qu'il veut faire à l'amitié; j'en serais indigne si je l'acceptais. Aime Nisida, je ne la reverrai jamais : je vivrai peut-être sans elle; je serais sûr de mourir si je faisais ton malheur. En disant ces mots, il détournait son visage pour me dérober ses larmes, et il me pressait contre sa poitrine.

L'amitié m'inspira dans ce moment; je me sentis élever au-dessus de moi-même. Tu t'es mépris, lui répondis-je; ce n'est point Nisida que j'aime, c'est sa sœur : je n'ai pu toucher son ame; et la violence d'un amour rebuté cause seule mon désespoir. Ne me trompes-tu pas? me dit-il en me regardant. —

Non, mon cher Timbrio. J'adore Blanche; elle méprise mes vœux : pardonne si la comparaison de ton heureux sort au mien vient de m'arracher quelques larmes; je te promets de n'en plus verser. Va, je sens près de toi que mon bonheur ne dépend pas de l'amour.

Timbrio me crut, ou feignit de me croire. Il était résolu de s'assurer avec le temps de la vérité de mes paroles; j'étais décidé moi-même à tous les sacrifices nécessaires à son repos. Ce n'était pas assez d'immoler ma véritable passion, il fallait feindre d'en sentir une autre : dès le lendemain, je découvris à Blanche qui j'étais, et je lui parlai d'amour.

Blanche m'aimait depuis long-temps sans oser se l'avouer à elle-même. Dès qu'elle se crut aimée, elle le dit à sa sœur. Cette confidence devint utile à Timbrio. Nisida résistait encore à un sentiment qu'elle redoutait; elle en fut moins effrayée en trouvant une compagne : elle osa parler de son amour, et s'en pénétra davantage. Les deux sœurs, en se témoignant leurs craintes, se rassurèrent mutuellement; et le plaisir d'épancher leurs âmes leur fit mieux connaître le plaisir d'aimer.

A la faveur de mon déguisement, je conservais toujours un libre accès dans la maison. Je portais les lettres de mon ami : je lui procurais quelquefois le plaisir de voir sa maîtresse : alors je redoublais d'empressement auprès de Blanche. Timbrio, qui remarquait avec joie combien j'étais aimé, me félicitait en m'embrassant, et me jurait de n'épouser Nisida que le jour où je deviendrais l'époux de sa sœur. Je baissais la tête, résigné à tout ce que l'amitié ordonnerait de moi.

Nous n'attendions plus que des nouvelles d'Espagne pour demander la main de Blanche et de Nisida, lorsque Pransile, ce cavalier qui avait eu à Xérès une querelle avec Timbrio, arriva dans Naples pour se battre avec lui. Comme la réparation devait être publique, il fallut du temps pour obtenir la permission du vice-roi, et faire nommer des juges. Enfin ce terrible combat fut indiqué à huit jours de là, dans une grande plaine peu distante de la ville.

Cette nouvelle fit du bruit, et, malgré nos soins, Nisida en fut instruite. Son inquiétude et sa douleur furent aussi vives que son amour Languissante et désolée, elle passa dans les larmes, et sans prendre de nourriture, les huit jours de délai qui lui semblaient si longs et si courts. L'affreuse incertitude, plus cruelle que le malheur même, eut bientôt épuisé ses forces : elle tomba malade; et son père, ignorant toujours la véritable cause de son mal, résolut, pour la rétablir, de la mener à sa maison de campagne.

Le jour de leur départ, qui était la veille du combat, Nisida me fit appeler. En arrivant près de son lit, j'eus peine à la reconnaître; elle était pâle, défaite; ses longues paupières étaient humides : Fabian, me dit-elle d'une voix faible, tu feras mes adieux à Timbrio; tu lui diras que mes jours tiennent aux siens, et que demain il défendra ma vie. Pour toi, son meilleur ami après moi, je suis bien sûre que tu ne le quitteras pas : s'il lui arrivait un malheur, tu seras là pour le secourir. Ah! je voudrais pouvoir te suivre. Tiens, ajouta-t-elle en détachant de son cou une relique précieuse qu'elle mouillait de ses larmes, porte-la-lui; tu lui diras qu'elle m'a toujours préservée de tout danger, et que c'est demain qu'elle doit m'être le plus utile. J'ai encore un service à te demander : je pars avec mon père pour aller à sa maison de campagne, qui n'est qu'à une demi-lieue du champ de bataille; promets-moi d'y venir sur-le-champ m'apprendre l'événement du combat. Si Timbrio est vainqueur, mets à ton bras cette écharpe blanche; je la verrai de loin; tu m'épargneras des tourmens : s'il succombe, je n'aurai plus besoin de toi.

Je promis tout, et je courus porter la relique à Timbrio. Sa fierté, sa valeur en furent doublées : il la baisa, la mit sur son cœur; et, sûr d'être invincible, il eût défié l'univers.

Enfin le moment arriva : toute la ville de Naples s'était rendue sur le champ de bataille. Pransile et

Timbrio se présentent : ils choisissent pour armes l'épée et le poignard. La barrière s'ouvre, les trompettes sonnent, les deux ennemis s'élancent.

Le combat fut long-temps égal. Pransile était adroit et vaillant; il blesse Timbrio, et la victoire balance toujours. Enfin l'amour eut l'avantage: Timbrio atteint Pransile, et le renverse à ses pieds. Mon généreux ami jette son épée et court à son secours : Pransile s'avoue vaincu ; tous les spectateurs applaudissent.

L'affreuse incertitude où j'avais été si long-temps, la douleur que m'avait causée la blessure de Timbrio, la joie de sa victoire, tout m'avait tellement troublé, que j'oubliai l'écharpe blanche, et je volai sans elle annoncer notre bonheur à Nisida. Hélas! à mesure que l'instant fatal approchait, la fièvre brûlante avait redoublé dans ses veines. Malgré sa faiblesse, elle s'était traînée aux fenêtres les plus élevées de sa maison : là, soutenue par ses femmes, les yeux fixés sur le chemin, elle attendait la vie ou la mort. Elle m'aperçoit, ne voit pas l'écharpe, et tombe sans mouvement dans les bras de sa sœur.

J'arrive; toute la maison était en larmes; je pénètre jusqu'à Nisida ; on lui prodiguait des secours inutiles; rien ne pouvait la ranimer. Je vois ses yeux fermés, sa bouche ouverte, ses lèvres pâles: c'est alors que je me rappelle mon funeste oubli. Egaré par mon désespoir, je sors de cette maison ; je n'ose plus aller retrouver un ami à qui je suis sûr de donner la mort. Incertain, furieux, désolé, je prends le premier chemin que je trouve. A peine avais-je fait quelques pas, que je m'entends appeler à grands cris : je me retourne, c'était Félix, le page de Timbrio. Mon maître vous attend, me dit-il; venez promptement le trouver. Je ne peux plus revoir ton maître, lui répondis-je; Nisida est morte, et c'est moi qui l'ai tuée. En prononçant ces mots, je m'éloigne précipitamment. J'arrive à Gaïette : un vaisseau allait mettre à la voile pour l'Espagne; je m'embarque, et je reviens dans ma patrie, où j'ai pris cet habit que je ne veux plus quitter.

Voilà, bergers, le récit de mes malheurs. J'avais espéré de trouver la paix dans cet ermitage; je n'y trouve que la solitude. En vain je m'efforce de tourner mon ame vers le grand objet qui devrait l'occuper tout entière; le souvenir de ce que j'ai perdu me poursuit à chaque instant. Je me dis tous les jours qu'il faut oublier Nisida et Timbrio, et tous les jours je les pleure.

Les bergers ne tentèrent pas de consoler l'ermite, mais ils s'affligèrent avec lui. La nuit était avancée, et la lune au plus haut de son cours; ils quittèrent l'ermitage, et furent bientôt rendus à la cabane d'Elicio. Là, ils se couchèrent sur des peaux de chèvres; et dès qu'Elicio vit ses trois compagnons endormis, il se leva, et sortit pour exécuter un projet qu'il avait médité tout le jour.

Devant la porte de la cabane d'Elicio était un beau cerisier dont le berger avait toujours pris soin, et qui alors était couvert des plus belles cerises du pays. Pendant un certain temps de l'année, ce bel arbre, encore tout jeune, et dont la tige était mince, suffisait cependant pour nourrir son possesseur. Deux tourterelles blanches l'avaient choisi pour y faire leur nid; elles l'avaient placé tout au haut, dans une fourche formée par quatre branches. Elicio regardait comme un heureux présage que des tourterelles vinssent nicher près de sa cabane; bien loin de les troubler, il portait sous le cerisier des épis de blé, de la graine de chanvre, et même de la laine, pour que les tourterelles en garnissent le dedans du nid, et que leurs petits fussent couchés plus mollement.

Tandis qu'Elicio était à la noce de Silvérie, un pâtre de Mœris vint tendre ses filets auprès du cerisier, prit les deux tourterelles, et les porta sur-le-champ à la fille de son maître. C'étaient les mêmes que Galatée avait laissé échapper. Elicio, qui les reconnut, avait promis à sa bergère qu'elles reviendraient la trouver; il voulut tenir sa parole. Il sort de sa cabane pour saisir pendant leur sommeil le père et la mère, et les mettre dans une cage avec leurs petits. A l'aide d'une échelle qu'il appuie contre le chaume de sa maison, il monte à la hauteur de la branche, avance le corps, écarte doucement les feuilles, et voit à la clarté de la lune les deux tourterelles dans le nid, la tête sous une aile, et l'autre aile un peu déployée pour mieux couvrir leurs petits : elles ne se réveillaient pas. Il ne tenait qu'à Elicio de les prendre ; jamais il n'en eut le courage : Non, dit-il, charmans oiseaux, vous ne serez point privés de la liberté ; vous appartiendrez à ma bergère, mais sans être esclaves ; et vous vivrez toujours près d'elle, quoique libres de vivre ailleurs. Il descend promptement de l'échelle ; il court chercher une bêche, et revient au cerisier : il creuse un fossé tout autour ; et lorsque l'arbre, sur sa motte, ne tient plus que par sa base au milieu de ce fossé, il appuie horizontalement le tranchant de sa bêche, l'enfonce avec précaution ; et, sans effort, sans ébranler l'arbre, il le détache, avec sa motte, de la terre. Alors il le prend dans ses bras, se relève doucement, sort du fossé sans secousse, et, d'un pas lent, mais sûr, qui agite à peine les branches de l'arbre, il gagne la maison de Galatée.

La chambre où couchait la bergère avait une fenêtre qui donnait sur les champs ; c'est devant cette fenêtre que s'arrête Elicio. Il dépose doucement à terre le cerisier; l'arbre se tient debout, tant le berger a mis d'adresse à l'enlever. Elicio, qui avait pris soin d'attacher sa bêche sur ses épaules, fait une fosse, y placé le beau cerisier, et le tourne de manière que, le nid se trouvant devant la fenêtre, Galatée, en étendant la main, puisse caresser les petits tourtereaux. Content de son ouvrage, il regarde s'il n'a pas trop effrayé les tourterelles; elles n'avaient été que réveillées. Elicio distingua leurs têtes, qu'elles allongeaient par-dessus la mousse du nid. Pardonnez, leur dit-il, pardonnez-moi, tendres colombes, si j'ai troublé votre sommeil, c'est pour votre bonheur autant que pour le mien; vous êtes à Galatée. Dès quelle ouvrira sa fenêtre, volez sur son épaule, béquetez ses beaux cheveux blonds: apprenez à vos petits à aimer, à caresser votre maîtresse: quand je vous saurai près d'elle, je ne vous regretterai pas. Mais si jamais un rival se présentait à cette fenêtre, ah! fuyez, oiseaux constans, venez me retrouver, venez gémir sur ma cabane; vous n'aurez pas long-temps à vous plaindre avec moi.

L'aurore commençait à paraître, et l'hirondelle gazouillait déjà sur la cheminée de Galatée, quand Elicio reprit sa bêche et regagna sa chaumière. Il n'était pas encore bien loin, qu'il entendit marcher derrière lui : il regarde ; c'était Mœris, le père de Galatée. Elicio eut peur, comme s'il eût été cou-

Galatée P. 82.

pable. Mœris le rassura bientôt; et, sans lui demander pourquoi il était au village de si bon matin: J'allais chez toi, lui dit-il, pour te confier un secret et te demander un service qui intéresse ma fille. Le berger, plein de joie, lui baise les mains avec transport : ils entrèrent ensemble dans un petit bois de myrtes qui n'était pas éloigné du chemin.

FIN DU SECOND LIVRE.

LIVRE TROISIÈME.

Nous nous plaignons toujours des maux sans nombre de cette courte vie, et c'est de nous-mêmes que viennent presque tous ces maux. La soif de l'or, voilà le principe des crimes et des malheurs. Le créateur du monde l'avait prévu : il cacha ce funeste métal dans les entrailles de la terre; et non content de combler le précipice, il le couvrit de fleurs, de fruits, de tout ce qui devait suffire à l'homme pour ses besoins et ses plaisirs. L'insatiable avarice n'eut pas assez de tant de bienfaits; elle pénétra dans ces abimes à force de travaux et de périls; elle arracha l'or aux enfers, et découvrit aux humains la source de tous les vices. Hélas! qui a le plus souffert de cette fatale découverte? l'amour. Un cœur sensible ne suffit plus pour avoir le droit d'aimer: si l'on veut obtenir celle que l'on rendrait heureuse, il faut des preuves de richesse, et non des preuves de constance. L'amant sans fortune peut être aimable, mais ne peut être heureux : plus il est fidèle, plus il est à plaindre; les tourmens et le désespoir sont le partage de sa vie. Que faut-il donc faire quand on est pauvre et sensible? Ne pas aimer? Ah! c'est encore pis.

Elicio n'avait pas fait toutes ces réflexions quand il s'était attaché à Galatée, ou peut-être les avait-il faites ; car de quoi servent les réflexions en amour ? On prévoit les chagrins, on s'y expose; ils arrivent, et sont aussi douloureux que s'ils étaient inattendus.

Erastre, Tyrcis et Damon furent surpris à leur réveil de ne pas trouver Elicio. Le soleil avait déjà fait près de la moitié de son cours : inquiets de ne pas le voir de retour, ils allèrent le chercher au village. Comme ils traversaient le petit bois de myrtes, ils entendirent la voix de leur ami. Attentifs et curieux, ils s'arrêtent pour écouter. Elicio chantait ces paroles:

> J'aimais une jeune bergère,
> Mon amour faisait mon bonheur :
> Je croyais posséder le cœur
> De celle qui m'était si chère.
>   Hélas! pour un autre amant
> Elle trahit mon espérance;
> Et j'aime mieux pleurer son inconstance
>   Que d'être heureux en l'oubliant.

J'étais encore enfant comme elle
Quand l'amour fit naître mes feux;
Mon cœur, pour en être amoureux,
N'attendit pas qu'elle fût belle.
 Hélas! pour un autre amant
 Elle trahit mon espérance;
Et j'aime mieux pleurer son inconstance
 Que d'être heureux en l'oubliant.

Les bergers, alarmés par ces tendres plaintes, coururent vers Elicio: ils le trouvèrent assis au pied d'un hêtre, le visage baigné de larmes. A peine il les aperçut, que, se levant précipitamment, il vint se jeter au cou d'Erastre. Mon ami, lui dit-il, nous allons perdre Galatée; elle nous quitte pour jamais. Écoutez, ajouta-t-il en regardant Tyrcis et Damon, le funeste secret que Mœris m'a confié ce matin; je vais vous rapporter ses propres paroles.

Elicio, m'a-t-il dit, je dois reconnaître l'attachement que tu m'as toujours marqué, en t'instruisant le premier du mariage de ma fille. Je l'ai conclu hier: elle épouse un riche portugais dont les immenses troupeaux couvrent les bords du Lima. Quatre bergers envoyés par ce futur époux viennent d'arriver chez moi, et partiront demain avec Galatée. Je sais que tu t'intéresses à ma fille comme si tu étais son frère, et je t'ai choisi, mon cher Elicio, pour te prier de l'accompagner en Portugal, d'être présent à ses noces, et de venir me rapporter des nouvelles certaines de son bonheur.

Malgré le trouble où m'a mis ce discours, j'ai recouvré ma voix pour y répondre. Comment, lui ai-je dit, vous avez pu consentir à vous séparer de votre fille! vous avez pu la condamner à vivre loin de son père et de sa patrie! Êtes-vous certain de ne pas faire son malheur en l'exilant dans un pays étranger? Pensez-vous qu'elle ne regrette pas.... J'ai sondé le cœur de ma fille, interrompit Mœris; je l'ai instruite de mes résolutions : elle m'a répondu avec sa douceur ordinaire qu'elle serait toujours prête à m'obéir. J'ai même démêlé sur son visage une légère émotion, marque certaine de cette joie qu'éprouve la fille la plus sage en apprenant qu'elle va se marier. Ne sois donc pas inquiet de son bonheur, et va te préparer au voyage que j'attends de ton amitié. Voilà, mes amis, ce que m'a dit Mœris; voilà l'événement que je craignais plus que la mort.

Tyrcis, Damon, et surtout Erastre, s'affligèrent avec Élicio. Mais, lui dit Damon, puisque Mœris vous estime et vous aime, pourquoi n'avez-vous pas tenté de lui faire l'aveu de votre amour? Vous ne le connaissez pas comme moi, lui répondit Elicio; il a déclaré qu'il voulait que son gendre eût autant de bien que sa fille. Si j'avais osé parler, il aurait cru que j'aimais sa fortune, et son amitié pour moi se serait changée en mépris. Mœris est trop riche pour n'être pas défiant; je suis trop pauvre pour être hardi.

Mon ami, lui dit Tyrcis, ne perdez pas toute espérance : allons trouver Galatée, allons savoir d'elle-même s'il est vrai qu'elle consent à épouser ce Portugais ; et si, comme je le crois, il lui en coûte pour obéir à son père, nous tâcherons de rompre ce funeste mariage. L'amour et l'amitié nous inspireront : seuls ils ont fait des miracles, que ne feront-ils point réunis?

Elicio suivit le conseil de Tyrcis. Les quatre bergers prirent le chemin de la fontaine des Ardoises, où Galatée se reposait souvent. Ils espéraient l'y trouver ; leur attente ne fut pas trompée. La bergère était assise au bord de l'eau et plongée dans une si profonde rêverie, qu'elle n'aperçut point les bergers. Ses yeux humides regardaient la fontaine : son front était appuyé sur une de ses mains, et de l'autre elle caressait le chien d'Elicio, ce chien qui, depuis si long-temps, était plus souvent avec elle qu'avec son maître. Le fidèle animal, couché aux pieds de Galatée, avait la tête appuyée sur les genoux de la bergère, les yeux fixés sur les siens ; et son air inquiet et reconnaissant semblait lui demander pourquoi ce jour-là il était caressé plus qu'à l'ordinaire. Elicio fit arrêter ses compagnons pour jouir de ce spectacle une douce satisfaction remplaçait déjà la douleur peinte sur son visage. Galatée, qui se croyait seule avec le chien, se mit à chanter ces paroles :

> O toi qui suis toujours mes pas,
> Toi le compagnon de ma vie,
> Tu vas perdre ta bonne amie ;
> Elle quitte ces beaux climats.
>
> Une obéissance cruelle
> M'arrache à ces prés, à ces bois,
> Où j'entendis souvent la voix
> D'un amant comme toi fidèle.
>
> Aimable chien, viens avec moi :
> Toujours seule avec ma pensée,
> De ma félicité passée
> Il ne me restera que toi.
>
> Quitte ton maître pour me suivre,
> Tu reviendras au premier jour :
> Il apprendra par ton retour
> Que loin de lui je n'ai pu vivre.

Les larmes que versait Galatée ne lui permirent pas de poursuivre. Elicio pleurait aussi ; mais c'était de joie. Il n'est plus maître de son transport ; il court vers la bergère, tombe à genoux devant elle, et saisit une de ses mains qu'il presse contre ses lèvres. Galatée, surprise, fait de vains efforts pour la retirer : elle s'aperçoit que d'autres bergers la regardent, elle veut se fâcher, elle ne le peut pas ; elle veut fuir, le chien l'en empêche; il tourne autour d'elle en sautant; il les caresse tous deux à la fois; on dirait qu'il jouit du bonheur qu'il vient de procurer à son maître.

Tyrcis, Damon, Erastre même, étaient attendris, et n'osaient approcher des deux amans. Galatée les appelle, fait relever Elicio; et s'efforçant de dérober ses larmes : Je ne prétends plus, leur dit-elle, cacher un secret que mon imprudence a trahi. Oui, je regrette ma patrie; j'y laisse peut-être mon cœur; mais je n'en suis que plus résolue à obéir à mon père; ce devoir sacré l'emportera sur tout. Je vous conjure de ne pas redoubler par vos plaintes une douleur qui serait inutile, et surtout de ne pas troubler une solitude devenue nécessaire après un tel aveu. A ces mots, elle s'éloigne, laissant les quatre bergers interdits. Le chien d'Elicio fut le seul qui osa la suivre : elle s'en aperçut, et voulut l'en empêcher en le menaçant de sa houlette; mais le chien s'offrit à ses coups, et la pauvre Galatée ne put jamais venir à bout ni de le battre ni de le chasser.

Les quatre amis, restés ensemble, tinrent conseil sur les moyens de rompre ce fatal mariage. Tyrcis était d'avis de rassembler les bergers de la contrée, et de venir tous ensemble supplier Mœris de ne pas leur enlever le trésor dont ils étaient si fiers. Damon voulait aller en Portugal menacer le futur époux, et l'effrayer de manière qu'il renonçât lui-même à Galatée. Elicio inclinait vers ce parti. Érastre, la main sur ses yeux, ne disait rien, et pleurait : Non, mes amis, s'écria-t-il en essuyant ses larmes, tous ces moyens ne serviront qu'à irriter Mœris. J'ai un projet qui rendra tout le monde heureux, excepté moi ; c'est à celui-là que je m'arrête, et de ce pas je vais l'exécuter. En disant ces paroles, il embrasse Elicio, et s'éloigne.

Les bergers, qui comptaient peu sur l'invention d'un homme aussi simple qu'Érastre, se proposèrent d'aller consulter l'ermite Fabian. Déjà ils étaient en chemin, lorsqu'ils rencontrèrent un cavalier superbement habillé, monté sur un magnifique cheval, et suivi de deux dames sur des haquenées. Une troupe nombreuse de valets prouvait que c'étaient des personnes de distinction. Les bergers les saluèrent en passant ; et l'inconnu, leur rendant le salut, arrêta Elicio : Voudriez-vous bien, lui dit-il, nous indiquer dans ces forêts un lieu commode pour y passer quelques heures? Les dames que vous voyez sont fatiguées de la chaleur et de la route, et voudraient se reposer ici. Elicio, qui s'oubliait toujours pour penser aux autres, les conduisit à la fontaine des Ardoises, qui n'était qu'à deux pas. Dès qu'ils y furent arrivés, leurs valets dressèrent une table qui fut bientôt couverte de rafraîchissemens. Les deux dames, assises sur l'herbe, levèrent leurs voiles, et surprirent Tyrcis et Damon par l'éclat de leur beauté. L'ainée de ces deux inconnues l'emportait encore sur la plus jeune; mais peut-être ne devait-elle cet avantage qu'à la profonde tristesse qui semblait obscurcir les attraits de sa cadette.

Elicio pressait ses compagnons de reprendre le chemin de l'ermitage; le cavalier les retint. Laissez-moi jouir, leur dit-il, du bonheur de vous avoir rencontrés; je voudrais ne vivre qu'avec des bergers. Quelle différence de votre heureux sort à celui des habitans des villes! La nature vous donne pour rien tous les plaisirs dont nous achetons l'image; l'oisiveté avance nos jours; le travail prolonge les vôtres; l'ennui, le mensonge, la gêne, voilà notre vie : la joie, la franchise, la liberté, voilà la vôtre. Ah! dès demain je me fais berger, si Nisida veut devenir bergère.

Au nom de Nisida, Elicio regarde les deux dames avec un air de surprise et d'intérêt qui fut remarqué du cavalier. Pardonnez, lui dit Elicio, si le nom de Nisida me fait une impression si vive; il n'y a pas long-temps qu'un de nos amis versait bien des larmes en nous parlant de Nisida. Avez-vous, reprit l'inconnue, quelque bergère qui s'appelle ainsi? — Non. Celle dont il était question n'est pas bergère : elle n'est pas même de ces contrées; Naples est sa

patrie. — Naples!.... Eh! comment savez-vous?....
— Je vous l'expliquerai : dites-moi d'abord si vous
ne vous appelez pas Timbrio, et si cette jeune personne n'est pas Blanche, sœur cadette de Nisida. —
Vous avez dit leurs noms. — Ah! Fabian, quel heureux jour pour toi! — Vous connaissez Fabian? —
Est-il ici? s'écria Blanche : et sa pâleur fut à l'instant effacée par le plus vif incarnat.

Oui, lui dit Elicio, il est ici; et le chagrin de vous
avoir perdue allait terminer une vie qu'il a consacrée
à la pénitence; Fabian est ermite, son ermitage n'est
pas loin. Courons l'embrasser, s'écria Timbrio. Blanche était debout, et marchait déjà sans savoir le
chemin qu'il fallait prendre. Nisida s'appuie sur le
bras de son amant; et Tyrcis, Damon et Elicio les
guident vers l'ermitage.

Il était presque nuit quand ils arrivèrent au pied
de la colline. Timbrio, Nisida, et surtout la jeune
Blanche, montèrent le sentier sans reprendre haleine. Parvenus à la porte de l'ermitage, ils la trouvent ouverte; ils regardent, ne voient personne dans
la cellule. Inquiets de ne pas trouver l'ermite, ils allaient l'appeler, et parcourir la montagne. Le prudent Tyrcis les arrête : Fabian, leur dit-il, est
sûrement près d'ici; mais ce malheureux ami, qui
n'espère plus vous voir, qui vous pleure sans cesse,
va mourir de sa joie, si vous vous offrez tout d'un

coup à lui. Ménagez-le, contenez vos transports, et trouvons un moyen de préparer son ame à un plaisir qu'elle ne soutiendrait pas. Tout le monde approuve l'avis de Tyrcis : on décide qu'il faut envoyer les bergers au-devant de Fabian, pour lui annoncer avec précaution les tendres amis qu'il va revoir.

Pendant que l'on se consultait, Blanche considérait, à la clarté de la lune, l'intérieur de la cellule. Une natte de jonc, une escabelle, un crucifix de buis, c'étaient tous les meubles de Fabian : Blanche les examine long-temps, puis elle va se mettre à genoux devant le crucifix, et remercie tout bas le ciel de l'avoir conduite dans cet ermitage.

Timbrio et les bergers la regardaient avec attendrissement, lorsque des soupirs et des plaintes leur apprennent que Fabian n'est pas loin. Tout le monde s'approche : on aperçoit l'ermite sous un olivier sauvage, à genoux sur un quartier de roc, les bras tendus vers le ciel. A cette vue, les deux sœurs et Timbrio veulent se précipiter dans ses bras ; Tyrcis ne peut les retenir : mais Fabian commence sa prière, et tous s'arrêtent pour l'entendre. Nisida et Timbrio restent les bras tendus : Blanche, respirant à peine, avance sa tête par-dessus leurs épaules, et essuie à chaque instant les pleurs qui l'empêchaient de voir son ami.

O mon Dieu ! disait Fabian, Être suprême que je

veux aimer uniquement, vous qui remplissez le monde, et qui devez remplir mon cœur, ne vous offensez pas de mes larmes : j'ai tout perdu, je n'ai pas murmuré. O mon Dieu! calmez les maux que je souffre, mais ne m'arrachez pas entièrement le souvenir de mes malheurs.

Aux premiers mots de Fabian, Blanche pleurait; elle sanglotait aux derniers. Tyrcis, craignant qu'elle ne fût entendue, dit à Damon d'aller avec Elicio interrompre l'ermite, tandis qu'il resterait avec les deux sœurs et Timbrio pour les empêcher de se montrer.

Les deux bergers obéirent. Fabian les reçut avec amitié. Vous vous plaignez toujours, lui dit Elicio, et vos malheurs touchent peut-être à leur terme. Vous les connaissez, répondit l'ermite, jugez s'ils peuvent finir. — Oui, sans doute; Nisida vit encore : elle est, avec sa sœur et Timbrio, occupée de vous chercher par toute l'Espagne. Quelqu'un les a rencontrés. — Que dites-vous? Est-il bien sûr que ce soit mon ami, que ce soient les deux sœurs?.... Ah! ne vous jouez pas d'un malheureux : vous aviez paru prendre pitié de mes maux, ne venez pas les aigrir en m'abusant d'un faux espoir.

Comme il disait ces paroles, Tyrcis, pour préparer une si tendre reconnaissance, dit à Nisida de chanter de l'endroit où elle était, sans s'offrir encore aux yeux de l'ermite. Nisida suivit son conseil, et commença ce premier couplet d'une chanson que Fabian avait faite autrefois :

> Amitié, reprends ton empire
> Sur l'aveugle dieu des amans :
> Dans la jeunesse il peut suffire ;
> Tu rends heureux dans tous les temps.
> Il fait naître une vive flamme ;
> Tu formes un tendre lien :
> Il n'est que le plaisir de l'ame,
> Et toi seule en es le soutien.

Fabian parlait encore, lorsque la voix de Nisida vint frapper son oreille. Il s'arrête, il écoute, il reste immobile, les yeux fixés et la bouche ouverte : ensuite, regardant d'un air égaré, sa raison l'abandonne, la terreur se peint sur son visage ; il prend les deux bergers pour des fantômes, et les considère avec effroi. Cependant la voix continue, et vient retentir au fond de son ame : peu à peu sa crainte se dissipe ; ses traits, ses yeux reprennent leur douceur : il revient à lui, s'élance comme un trait vers l'endroit d'où partait la voix : il arrive, regarde, et tombe sans mouvement dans les mains de son ami.

Nisida et Timbrio appellent : les bergers accourent ; on s'empresse, on s'efforce à le ranimer. Blanche avait déjà couru chercher de l'eau dans la cellule ; elle en jette sur son visage, elle serre ses mains dans les siennes. L'ermite reprend ses sens ; il ouvre les yeux, il doute encore de son bonheur : Est-ce bien toi? dit-il à Timbrio ; est-ce toi que j'ai tant pleuré? — Oui, c'est moi ; c'est ton ami, celui qui te doit la vie. Ils s'embrassent, ils confondent leurs larmes, ils restent long-temps serrés l'un contre l'autre. Plus de chagrin, lui dit Timbrio, nous sommes tous réunis : voici Nisida, ta bonne amie ; voilà Blanche qui allait mourir, si nous ne t'avions pas trouvé : que te faut-il encore? Ah! rien, répond l'ermite en souriant et pleurant à la fois. Blanche et Nisida lui tendent les bras. Fabian veut parler ; mais il fait de vains efforts : il prend les mains des deux sœurs, les joint toutes deux sur sa poitrine, et tombe à genoux en sanglotant.

Cette scène attendrissante dura quelques momens encore. Fabian conduisit ses amis dans sa cellule, et leur fit le détail de tout ce qui lui était arrivé depuis leur séparation. Ce récit fut court. Le prudent Fabian, toujours victime de l'amitié, parla de son amour pour Blanche comme du sentiment qui l'avait le plus occupé pendant sa solitude. Blanche, transportée, n'osait rien dire; mais elle embrassait sa sœur.

L'ermite supplia son ami de lui raconter à son tour ses aventures depuis le moment où, pour aller

8.

porter la nouvelle de sa victoire à Nisida, il l'avait laissé sur le champ de bataille. Les bergers se joignirent à Fabian pour demander ce récit : Timbrio ne se fit pas presser.

Après mon combat avec Pransile, impatient de revoir Fabian, j'envoyai mon page à la maison de campagne de Nisida : il en revint tout effrayé, et m'annonça la mort de ma maîtresse et la fuite de mon ami. Frappé comme d'un coup de foudre, je partis sur-le-champ pour aller m'informer moi-même de tous mes malheurs. Arrivé à cette maison de campagne, ni mes instances, ni mes présens ne purent m'en ouvrir l'entrée; et les discours, et les pleurs des domestiques me confirmèrent la mort de Nisida. Je ne vous dirai point ce que je devins dans ce moment; on ne meurt point de douleur, puisque je n'expirai pas sur l'heure. Malgré mon désespoir, je me souvins qu'il me restait un ami; et, tout blessé que j'étais, je suivis sa trace jusqu'à Gaïette. Quand j'arrivai dans cette ville, Fabian venait de s'embarquer. Je fus forcé d'attendre le départ d'un navire catalan qui devait retourner dans quelques jours à Barcelone. Le capitaine me reçut sur son bord, et mes larmes redoublèrent en quittant cette Italie où j'avais perdu le plus cher objet de mon cœur.

Le vent, qui d'abord nous était favorable, diminua tout d'un coup, et notre vaisseau, peu éloigné du port, fut presque arrêté par le calme : j'aurais vu la tempête avec plus de joie. Sans cesse occupé de mes maux, toujours pleurant ma Nisida, je demandais au ciel la mort ou mon ami : les seuls momens que je trouvais moins amers étaient ceux où je chantais sur un luth qui appartenait à un passager.

Le second jour de notre départ, au moment où l'aurore commençait à teindre l'horizon, j'étais assis sur la poupe, et je considérais cette vaste mer dont les flots tranquilles réfléchissaient les étoiles prêtes à disparaître. Tout reposait autour de moi : les officiers, les matelots étaient livrés au sommeil : le pilote même dormait sur son gouvernail ; les voiles étaient pliées, on n'entendait que le bruit de la proue du vaisseau qui fendait doucement les ondes. Ce profond silence, ce grand spectacle de la mer et du ciel, cette aurore qui venait lentement réveiller les malheureux, tout me retraçait plus vivement mes peines : je pris mon luth, et je chantai ces paroles :

Tout se tait, tout est calme et dans l'air et sur l'onde,
L'on n'entend que le bruit des ailes du zéphyr :
Tout dort autour de moi dans une paix profonde ;
   Moi seul je veille pour souffrir (1).

(1) Agora que calla el viento,
   Y el sesgo mar esta en calma,
   No se calme mi tormento.

Déjà vers l'orient, sur un char de lumière,
L'Aurore à l'univers annonce un jour nouveau :
Ce jour est un bienfait pour la nature entière ;
    Pour moi seul il est un fardeau.

Sous le poids des chagrins je sens que je succombe.
Nisida, cher objet d'amour et de douleur,
Nisida, tu n'es plus : la pierre d'une tombe
    Enferme ton corps et mon cœur.

J'en étais à ce dernier vers, lorsque j'entends un bruit de rames qui semblait s'approcher du vaisseau. J'écoute, je regarde; les premiers rayons du jour me font distinguer une barque; elle venait droit à nous, et les efforts de quatre rameurs la faisaient voler sur la mer. La barque approche; une femme s'avance sur le bord : Au nom du ciel, me cria-t-elle, daignez me dire si votre vaisseau n'est pas le navire catalan parti depuis deux jours de Gaïette. Jugez de ma surprise, c'était la voix de Blanche, de la sœur de ma Nisida..... Ah! ma sœur, m'écriai-je..... et je me précipite à la corde du vaisseau. Je descends, j'arrive dans la barque; je cours pour me jeter dans les bras de Blanche, je me trouve dans ceux de Nisida.

Je pensai mourir de ma joie : immobile et muet, je ne pouvais proférer une seule parole. Nisida me parlait, me rassurait; je la regardais, en tremblant que ce ne fût un songe, et que le réveil ne m'enlevât mon bonheur.

Revenu de ce premier ravissement, je m'occupai de faire monter dans le vaisseau la tendre Nisida et son aimable sœur. Elles étaient toutes deux en habits de pèlerines; mais le capitaine, instruit par moi, les reçut avec le respect qu'il devait à leur naissance. Ce fut alors que j'appris de Blanche comment l'oubli de l'écharpe avait causé à sa sœur, presque mourante, un évanouissement si profond, que tout le monde la crut morte. Elle ne reprit ses sens qu'au bout de huit heures, et, apprenant à la fois ma victoire sur Pransile, mon erreur, mon désespoir et notre fuite, elle résolut, avec sa sœur, de tout quitter pour nous suivre. Malgré ses maux, malgré sa faiblesse, elle voulut partir, et Blanche disposa tout pour leur fuite. Elles avaient de l'or et des pierreries, tout fut prodigué pour s'échapper de la maison paternelle. Un domestique gagné leur amena une litière au milieu de la nuit; et les deux sœurs, munies de leurs diamans et déguisées en pèlerines, prirent la route de Gaïette, où elles savaient que je m'étais rendu. Elles y arrivèrent deux heures après le départ du navire. A force d'argent elles trouvèrent des rameurs qui essayèrent de nous rejoindre : le calme survenu seconda leurs efforts; et l'amour, qui protégeait sans doute ces aimables sœurs, les fit arriver sans accident jusqu'à notre vaisseau.

Je retrouvais Nisida; mais tu nous manquais, mon cher Fabian, et c'était payer bien cher la faveur que nous faisait la fortune. Blanche le sentait aussi bien que moi. Ton absence fut du moins le seul malheur dont nous eûmes à gémir. Après une heureuse navigation, nous arrivâmes à Barcelone: nous espérions y trouver de tes nouvelles; mais nos recherches furent vaines. Blanche fut la première à dire qu'il fallait parcourir toute l'Espagne, et ne s'arrêter que lorsque nous t'aurions trouvé: elle était bien sûre que cet avis serait suivi. Nous résolûmes d'aller d'abord à Tolède, où sont établis des parens de Nisida. Mais, avant tout, nous écrivîmes à son père, pour l'instruire de nos aventures, et lui demander la permission de nous marier à Tolède: il a répondu selon nos désirs; et nous étions en route pour cette ville, nous informant partout de Fabian, quand notre bonheur nous a conduits ici.

Telle fut l'histoire de Timbrio. Dès qu'il eut cessé de parler, l'ermite le prit en particulier, et, le menant dans un coin de sa cellule, il lui dit d'une voix timide: Est-ce que je n'irai pas à Tolède? Timbrio, surpris de sa question, le regarde: Fabian baisse les yeux, et laisse échapper quelques larmes. Son ami le serre dans ses bras : Il faut bien, lui répondit-il, que tu viennes à Tolède pour épouser ta chère Blanche; elle t'adore, elle n'a pas été un seul instant sans penser à toi. Tu l'aimes toujours, n'est-il pas vrai? Plus que ma vie, reprit Fabian, mais je t'aime encore davantage. Allons, ajouta-t-il en souriant, je quitterai cet habit d'ermite; et tu m'en feras trouver un plus convenable à un nouveau marié; mais, si tu m'en crois, quand nous serons les époux de ces deux charmantes sœurs, nous reviendrons ici vivre avec ces bons bergers qui nous aiment, et qui méritent que nous les aimions. J'en avais déjà formé le projet, reprit Timbrio ; je suis fatigué du monde, et je veux finir ma vie dans ces bois, entre ma femme et mon ami. Après cette conversation, ils vinrent en rendre compte aux deux sœurs et aux bergers : tout le monde applaudit à leur dessein.

Cependant la nuit était avancée. Elicio conseillait de gagner promptement le village. Je n'ai point de maison à vous offrir, dit-il aux quatre amans, mais je vais vous conduire à celle de Galatée : Mœris, son père, se fera un honneur de vous recevoir.

Son avis est suivi; on se met en marche; on double le pas, on arrive. Mœris allait se mettre à table avec sa fille. Florise et Téolinde, et les quatre bergers arrivés de Portugal pour emmener le lendemain

Galatée. On frappe à la porte, les chiens aboient; Mœris vient ouvrir lui-même. Elicio lui demande l'hospitalité pour Nisida, Blanche et les deux amis. Le vieux berger, honoré de pareils hôtes, les accueille avec respect. Il appelle sa fille : il fait ajouter au souper tout ce qu'il a de meilleur; et, les invitant à se mettre à table, il s'excuse sur ce qu'ils n'étaient pas attendus.

Pendant le repas, Galatée s'efforçait de n'être pas triste. Elicio s'était placé le plus loin qu'il avait pu des Portugais; il les regardait avec colère, et ses yeux rencontraient quelquefois les yeux de Galatée. On sortit de table : tous les convives allèrent prendre le frais sur des bancs de pierre qui étaient à la porte de la maison. Le vieux Mœris voulut conter à ses hôtes le brillant mariage qu'il avait arrangé pour sa fille : il s'étendit avec complaisance sur les richesses de son gendre, richesses que les Portugais ne manquèrent pas d'exagérer. Les deux amis et les deux sœurs se croyaient obligés de féliciter Galatée. elle ne répondait rien, et le malheureux Elicio dévorait ses larmes. Tout à coup le son funèbre d'une trompette se fait entendre dans le village.

Mœris, ses hôtes, tous les habitans alarmés courent vers la grande place, d'où semblait venir le triste son. Ils aperçoivent quatre bergers vêtus de deuil et couronnés de cyprès : deux portaient à la main des flambeaux allumés; les deux autres sonnaient de la trompette. Au milieu des quatre bergers était un ministre de l'Eternel, vêtu de ses habits sacerdotaux.

C'était le vénérable Salvador, le pasteur des bergers, celui qui les consolait dans leurs peines, et qui remerciait le ciel de leur bonheur. Tout le village était sa famille, tous les orphelins ses enfans; depuis quarante années il remplissait le sublime emploi de louer Dieu et de servir les hommes.

Bergers, s'écria-t-il, c'est demain le jour choisi dans l'année pour honorer les cendres de nos frères dans la vallée des tombeaux. Songez à ce devoir sacré; et dès l'aurore rendez-vous sur cette place, dans le triste appareil qui convient à cette touchante cérémonie.

Après avoir prononcé ces mots d'une voix forte, Salvador reprit le chemin de sa maison. Tout le monde convint de se rassembler au point du jour pour remplir une obligation si sainte. Mœris ne voulut pas que sa fille y manquât; il pria les Portugais de différer leur départ. Elicio en tressaillit de joie; Galatée en conçut une heureuse espérance.

Nisida, Blanche, Téolinde, les deux amis, demandèrent aux habitans du village la permission de les suivre à la vallée des tombeaux : on fut flatté de leur demande. Les quatre Portugais sollicitèrent la même faveur : on les refusa d'une voix unanime ; ils étaient odieux depuis que l'on savait qu'ils venaient chercher Galatée; ils se retirèrent pleins de dépit, et tout le monde alla se livrer au sommeil.

FIN DU TROISIÈME LIVRE.

LIVRE QUATRIÈME.

Je me livre à toi, douce mélancolie; viens répandre sur mes derniers tableaux cette demi-teinte sombre qui plaît à tous les cœurs sensibles. Ne crains pas de les émouvoir : les larmes que tu fais couler sont aux ames tendres ce que la rosée est aux fleurs. Que les souvenirs que tu donnes sont attachans! Quel est l'amant éloigné de sa maitresse, l'ami privé de son ami, la mère loin de son fils, qui ne te regarde pas comme son bien le plus cher? Comme ils sont doux ces momens où, séparé du monde entier, seul avec son cœur et sa mémoire, on se recueille dans soi-même, ou plutôt dans l'objet aimé! Qu'on a de plaisir à se rappeler toutes les époques de sa tendresse! Le premier jour où l'on aima, le premier aveu qu'on en fit, l'air dont il fut écouté, les craintes, les soupçons, les querelles; tout est présent, tout se retrace avec délices. On jouit de nouveau des plaisirs que l'on a goûtés : ou jouit même des chagrins que l'on a soufferts. Si toute espérance est ravie, si l'impitoyable mort a moissonné l'objet de notre amour, les pleurs qu'on lui donne ont des charmes; son souvenir laisse encore une impression de bonheur : on serait peut-être plus à plaindre si l'on pouvait se consoler.

Ainsi pensait le sage Salvador : il consacrait un jour de l'année aux larmes de la reconnaissance, de l'amour et de l'amitié. Ce jour était arrivé : Salvador, revêtu de ses plus tristes ornemens, se rendit sur la grande place : il vit bientôt paraître tous les habitans du village, couverts de crêpes, couronnés de cyprès, et portant des houlettes garnies de rubans noirs. Salvador les rangea lui-même; et, séparant les bergers des bergères, il fit marcher toute la troupe sur deux files.

Du côté droit, Nisida, Blanche, Téolinde, Florise et toutes les jeunes filles s'avançaient sous la conduite de Galatée. Du côté gauche, vis-à-vis d'elles, marchaient Timbrio, Fabian, Damon, Tyrcis, tous les jeunes garçons ayant à leur tête Elicio. Le seul Erastre manquait. Après eux venaient les épouses, conduites par Silvérie, et les époux, menés par Daranio. Cette troupe d'heureux était presque aussi belle que la première. Elle était suivie d'une troisième moins brillante et plus respectable; c'étaient les veuves et les vieillards : ils étaient guidés par Mœris et par la mère d'Erastre. Leurs cheveux blancs n'avaient point de couronnes : leurs mains tremblantes s'appuyaient sur des bâtons noueux. Hélas ! c'était pour eux surtout que la cérémonie était intéressante : ils allaient pleurer sur la tombe d'un fils, d'une sœur ou d'un époux.

Salvador fermait la marche : il avait choisi cette place pour être plus près des plus malheureux. A ses côtés, huit beaux enfans, vêtus de robes de lin, et couronnés de fleurs, portaient avec respect l'eau lustrale, l'encens et le feu. Fiers de cet emploi, qui était la récompense d'une année entière de sagesse, ils s'avançaient plus gravement que les vieillards.

Pour arriver à la vallée des tombeaux, il fallait faire à peu près une lieue, toujours sur la rive du Tage, et sous une voûte de verdure que formait un double rang de peupliers. Les bergers en silence marchaient sur un gazon semé de fleurs encore humides de la rosée. Le soleil commençait à dorer la cime des montagnes, et annonçait un des plus beaux jours de l'été. Le ciel était partout d'azur ; un doux zéphyr agitait les arbres, et berçait mollement les petits oiseaux dans leurs nids : l'alouette, déjà perdue dans les airs, se faisait entendre sans être aperçue ; le rossignol, fatigué d'avoir chanté toute la nuit, se ranimait pour saluer le jour ; la tourterelle et le ramier répondaient par des plaintes au chant joyeux du pivert : les fleurs exhalaient tous leurs parfums ;

les poissons se jouaient sur les eaux du fleuve : toute la nature, au moment de son réveil, semblait remercier le Créateur du nouveau bienfait qu'il lui accordait.

Timbrio, Blanche, Nisida, peu accoutumés à ce spectacle ravissant, le contemplaient avec surprise. L'entrée de la vallée des tombeaux leur causa bientôt une nouvelle admiration!

Sur la rive de ce beau fleuve qui roule de l'or dans son sein, est un espace d'un mille carré, ceint de toutes parts d'une chaîne de collines; on y pénètre par une seule entrée. Ce long défilé est garni des deux côtés d'une haie de cyprès plantés en amphithéâtre, et si serrés, que leurs branches entrelacées forment un mur épais aussi haut que les montagnes. Quelques rosiers, quelques jasmins sauvages, parsèment de fleurs rouges et jaunes le vert sombre de ses murailles. Jamais aucun troupeau ne pénétra dans cet asile; jamais le bûcheron ne porta la hache dans ce bois sacré. Un silence profond y règne : l'on n'entend que le bruit de quelques sources qui descendent sous le feuillage, se réunissent dans un lit de mousse, et vont porter à quelques pas, dans le Tage, leurs petits flots argentés.

A l'extrémité de cette avenue, est un antique sapin qui semble fermer la vallée. Sur son écorce sont gravées ces paroles :

Passant, respecte cet asile :
Si ton cœur est pervers, tremble d'y pénétrer;
Mais, s'il est vertueux, marche d'un pas tranquille,
A ces tombeaux tu peux pleurer.

Dans l'intérieur de la vallée, les mêmes cyprès règnent alentour. Au milieu est une fontaine dont l'eau, toujours abondante, arrose et nourrit le gazon. Quelques tombeaux sont épars çà et là, les uns déjà couverts par le lierre, les autres encore ornés de guirlandes ; tous renferment la dépouille mortelle d'un être qui aima la vertu.

L'honneur d'être enterré dans cette belle vallée ne s'accordait pas à tous les morts : c'était la récompense d'une vie irréprochable : le village assemblé l'adjugeait.

Les bergers, parvenus à la fontaine, s'arrêtèrent, et Salvador éleva la voix : Séparez-vous, s'écria-t-il; vous vous rassemblerez près de moi quand la trompette sonnera. A ces mots, tout le monde se disperse ; chaque veuve, chaque orphelin, court à la pierre qui couvre l'objet de ses larmes. Timbrio, Fabian et les deux sœurs, ont perdu de vue Elicio ; ils parcoururent la vallée en le cherchant.

Ils le découvrent bientôt à genoux devant le tombeau de sa mère : ses mains étaient jointes; ses yeux, baignés de pleurs, étaient tournés vers le ciel. O ma mère! disait-il, vous êtes sûrement heureuse puisque vous fûtes toujours bonne. Veillez sur moi de votre céleste demeure; faites que j'aime la vertu autant que j'aimai ma mère. En prononçant ces mots, il pressait son visage sur la tombe, et ses larmes coulaient le long de la pierre.

Les quatre amans l'écoutaient en silence. Ils approchent et Timbrio prenant la main du berger : Digne fils, lui dit-il, vous pénétrez mon cœur de tendresse et de respect. Promettez-moi d'être mon ami, et dès ce moment je renonce au monde pour être berger avec vous, pour habiter, avec Nisida, Blanche et Fabian, une cabane voisine de la vôtre. Vous seriez trop près d'un malheureux, lui dit Elicio : depuis que j'ai perdu ma mère, un seul sentiment pouvait me faire aimer la vie; et demain je ne verrai plus celle qui en est l'objet. Les deux sœurs, les deux amis le pressèrent de s'expliquer davantage. Ce n'est pas ici le lieu de vous parler de mes amours, reprit le berger ; quand nous serons sortis de la vallée, je vous raconterai mes malheurs.

Il parlait encore : la trompette sonna. Expliquez-nous, demanda Timbrio, pourquoi Salvador nous rappelle. Pour honorer, lui répondit Elicio, la cendre du dernier berger que nous avons perdu. Ensuite nous entendrons l'histoire de sa vie, qui nous sera chantée par la plus sage de nos bergères.

Ils se rendent à la fontaine : tout le monde y était rassemblé. Leur vénérable conducteur les guide ver un tombeau dont la pierre, encore toute blanche, portait cette simple épitaphe :

ICI
REPOSE UN BON FILS.

Salvador en fait trois fois le tour; il prononce les prières accoutumées, brûle de l'encens, répand de l'eau lustrale : ensuite il prend par la main Galatée, et lui donne le papier où était écrite l'histoire de celui que l'on pleurait. Une rougeur modeste couvre le front de Galatée; elle se tient debout près de la tombe, et tous les bergers l'écoutent en silence.

> Des bergers de notre village
> Lysis fut le plus amoureux;
> Louise reçut son hommage,
> Et partagea bientôt ses feux.
> Il la demande à sa famille;
> Mais le père dit à Lysis :
> Soyez riche autant que ma fille;
> Je ne la donne qu'à ce prix.
>
> Hors son amour et sa chaumière,
> Le pauvre Lysis n'avait rien :
> La cabane était pour sa mère,
> Et pour Louise l'autre bien.

Il part, il quitte sa patrie;
Il arrive au pays de l'or :
Là, par une honnête industrie,
Il amasse un petit trésor.

Lysis revient plein d'espérance;
Louise est fidèle et l'attend;
Sa main sera la récompense
Des travaux d'un si tendre amant;
Il va posséder son amie :
Mais, la veille d'un jour si beau,
Par une affreuse maladie
Sa mère est au bord du tombeau.

Lysis tremblant court à la ville;
Il ne songe plus aux amours :
Du médecin le plus habile
Lysis implore le secours :
Ma mère va m'être ravie,
Dit-il, embrassant ses genoux :
Si votre art lui sauve la vie,
Ce que je possède est à vous.

Le médecin, par sa science,
Rend la mère aux vœux de son fils :
Le trésor est sa récompense;
Plus de Louise pour Lysis.
Un autre épouse la bergère :
Lysis le voit sans murmurer;
Et, l'air content, près de sa mère,
Il mourut, et n'osa pleurer.

Galatée vint reprendre sa place. Mes amis, s'écria Salvador, votre cœur vous parle bien mieux que je ne pourrais vous parler. Vous pleurez tous d'attendrissement au récit d'une bonne action; jugez quel doit être le plaisir de la faire.

Après ce peu de mots, le vénérable pasteur fit sortir les bergers de la vallée; il rompit l'ordre de la marche; et tout le monde se dispersa dans les belles campagnes qu'arrose le Tage.

Les deux amis et les deux sœurs, qui n'avaient pas oublié la promesse d'Elicio, prirent avec lui le chemin de la fontaine des Ardoises. Le malheureux berger leur raconta son amour, et le désespoir mortel que lui causait le mariage de Galatée. Fabian, Blanche et Nisida le consolaient : Timbrio songeait au moyen de lui faire épouser sa maîtresse.

Derrière eux, et à peu de distance, Galatée, Florise, Téolinde, Tyrcis et Damon, marchaient ensemble sans se parler. La fille de Mœris pensait que le lendemain était le jour de son départ : Florise formait le projet de la suivre en Portugal : la triste Téolinde enviait le sort de celles qui reposaient dans la vallée des tombeaux.

Pour aller à la fontaine des Ardoises, il fallait quitter les bords du Tage, et traverser quelques collines couvertes de bois. Le chien d'Elicio, à qui l'on n'avait pas permis ce jour-là de suivre Galatée, était resté dans le village. Il vit revenir quelques bergers; et, n'apercevant ni son maître, ni sa maîtresse, il partit pour aller au-devant d'eux, et les joignit comme ils entraient dans les bois.

Après avoir été plus d'une fois d'une troupe à l'autre caresser Elicio et Galatée, le chien se met à courir dans la montagne, et fait partir un petit chevreau sauvage, qu'il poursuit avec ardeur. Le chevreau fuit, et passe près des bergères; la peur lui donne des forces; il gagne, sans être atteint, une caverne où il entre en bêlant. Le chien le suit : Galatée pousse des cris pour que l'on sauve le petit chevreau. Tout le monde accourt : on arrive à l'entrée de la caverne. Elicio s'était déjà précipité après le chien.

Tyrcis, Damon, les deux amis, rassuraient en riant les bergères, et s'attendaient à voir paraître l'amant de Galatée portant le chevreau dans ses bras, lorsqu'un bruit affreux se fait entendre dans la caverne; et l'on en voit sortir Elicio se débattant avec un homme dont l'aspect était effrayant. Il était couvert de haillons déchirés; une barbe noire et épaisse lui cachait la moitié du visage; ses longs cheveux en désordre flottaient sur ses épaules; ses bras nus et nerveux pressaient Elicio pour l'étouffer. Le berger, non moins vigoureux, repoussait de la main gauche la poitrine velue de l'homme sauvage; et, de la

Galatée P. 119.

droite, entortillée dans les cheveux de son ennemi, il faisait courber sa tête en arrière. Tous deux en silence, les yeux étincelans et fixés l'un sur l'autre, les jambes entrelacées, cherchaient mutuellement à se terrasser.

Le chien d'Elicio n'avait pas quitté son maitre, et faisait des efforts pour le secourir : mais une chèvre sauvage l'occupait assez lui-même. Attentive à ne jamais prêter le flanc, elle le poussait devant elle en le menaçant de ses cornes, tandis que le chevreau rassuré bondissait derrière sa mère, et semblait braver celui qu'il avait craint.

Tyrcis, Damon et les deux amis se précipitent pour séparer les combattans. Timbrio se saisit du sauvage; il a besoin de toute sa force pour le contenir; mais Téolinde est évanouie, et tout le monde vole à son secours. L'homme sauvage jette les yeux sur elle; il demeure immobile en fixant ce visage pâle : bientôt, se dégageant des bras de Timbrio, il saisit le chevreau, cause innocente de tant d'accidens, tombe à genoux devant Téolinde, et le lui présente d'un air soumis. A peine la bergère a-t-elle repris ses sens, qu'elle s'élance au cou du sauvage : Ah! c'est toi, s'écria-t-elle, Artidore, mon cher Artidore; tu n'as donc pas oublié Téolinde?... Au nom de Téolinde, Artidore change de couleur : il se relève, et regardant la bergère d'un air égaré : Téolinde!... dit-il, elle m'a trompé : je m'en souviens bien. Est-elle ici? la connaissez-vous? Oui, lui répond la bergère d'une voix tremblante, elle est ici; elle ne vit que pour toi. Ecoutez, interrompt Artidore en lui parlant à voix basse, il faut que vous me conduisiez vers elle; je veux lui reprocher sa perfidie, lui dire que je ne l'aime plus : ensuite nous reviendrons ensemble habiter ma caverne; vous serez ma bonne amie, et je vous donnerai mon chevreau.

Téolinde, à ce discours, vit bien que la douleur avait égaré la raison du malheureux Artidore: elle le regarde, pleure; et lui serrant la main avec tendresse : Je le veux bien, dit-elle : je ne te quitterai plus : je suis avec toi jusqu'au dernier jour de ma vie; j'espère te prouver que Téolinde ne fut pas coupable. En disant ces mots, elle prend le bras d'Artidore, et l'entraine avec elle dans la route qui conduisait à la fontaine. La chèvre et le chevreau les suivent; le reste des bergers marche à quelque distance, impatient de voir la fin de cette aventure.

Pendant le chemin, Téolinde fait ses efforts pour ménager une reconnaissance qu'elle craignait et souhaitait. Attentive à ne rien dire qui puisse déplaire à son amant, elle parle avec précaution d'elle-même, rappelle doucement leurs amours, raconte l'histoire de sa sœur jumelle, et tous les chagrins qu'elle lui causa : elle observe l'effet de chaque parole sur le visage d'Artidore, suit pas à pas les progrès qu'elle fait faire à sa raison, et emploie toute l'adresse de son esprit pour ramener le cœur de son amant. Artidore l'écoute comme un homme qui sort d'un long sommeil; il répond juste à quelques questions, il fait répéter les autres : peu à peu sa mémoire, ses idées reviennent. L'amour lui avait ôté la raison, l'amour devait la lui rendre. Il s'arrête; il considère Téolinde, la reconnaît, tombe à ses pieds, la serre dans ses bras; et ses larmes prouvent à la bergère que son amant n'est plus insensé.

Ils étaient arrivés à la fontaine, où tout le monde les joignit. Florise et Galatée avaient raconté pendant le chemin ce qu'elles savaient des amours d'Artidore et de Téolinde. Après avoir félicité cette bergère, on la pria d'engager son amant à reprendre le récit de ses aventures au moment où la sœur jumelle l'avait si cruellement trompé. Artidore y consentit; et, quoique un peu honteux de l'état où il se trouvait, il continua ainsi son histoire:

Le discours de la fausse Téolinde m'avait jeté dans un désespoir mortel. Je résolus de fuir à jamais celle que je croyais perfide. Je voulus cependant lui dire encore que je l'aimais, et je gravai mes adieux sur un peuplier. Je ne me souviens plus de ce que j'écrivis. Depuis ce moment, ma faible raison s'aliéna; j'errai sans but dans la campagne, et je fus quatre jours sans prendre de nourriture. Cette abstinence acheva de troubler ma tête: je ne me rappelle que confusément ce que je devins ; deux seules choses sont restées dans ma mémoire.

Je descendais une petite colline qui ne doit pas être loin d'ici : tout à coup j'entends du bruit dans les broussailles ; et j'aperçois ce petit chevreau que voilà couché près de moi, fuyant pour éviter un loup furieux qui le poursuivait la gueule béante. Mon premier mouvement fut de me jeter sur le loup : je n'avais point d'armes. Obligé de lutter avec le féroce animal, nous roulons ensemble sur la poussière. L'égarement de ma raison ajoutait sans doute à mes forces en m'empêchant de voir le danger : j'étouffai le loup dans mes bras, et, sans regarder si le chevreau me suivait, je poursuivis ma route jusqu'à la caverne où vous m'avez trouvé.

Son obscurité, son éloignement de toute habitation, me la firent choisir pour mon tombeau. Je pénètre dans l'intérieur, je vais m'asseoir sur une pierre ; et là, me rappelant la perfidie de Téolinde, ma raison revint un moment pour me faire sentir tous mes maux. Résolu de ne plus sortir de cette caverne, je roule une grosse pierre pour en fermer l'entrée. Emprisonné dans ma tombe, j'en ressens une affreuse joie : je m'étends sur la terre, avec l'espérance de ne plus me relever.

J'étais dans le calme du désespoir, ne craignant

Galatée P. 123.

ni ne désirant que mon supplice fût long, lorsqu'un bêlement plaintif vint frapper mon oreille : j'écoute, je l'entends encore; il semblait venir de l'entrée de la caverne. Malgré moi je suis ému : je me lève, j'y cours, et j'aperçois le petit chevreau que j'avais sauvé, qui passait son nez blanc entre la pierre et le rocher, et me demandait de lui ouvrir.

Mes yeux se mouillèrent : je repoussai la pierre avec précaution. Dès que l'ouverture fut assez large, le chevreau entra, suivi d'une chèvre; elle était blessée, et son sang coulait. A peine arrivée, elle se couche à mes pieds, soulève sa tête, et la laisse retomber en haletant de fatigue et de douleur. Ce petit chevreau tourne autour de moi, bêle douloureusement, va lécher la plaie de sa mère, et revient me caresser, comme pour me prier d'en prendre soin.

J'examinai la blessure; je reconnus la dent du loup. Sur-le-champ je vais chercher de l'eau, je lave la plaie, j'étanche le sang, et j'y fais tenir un appareil avec des morceaux de mes vêtemens. Après cette opération, la chèvre me regarde avec tendresse, se renverse doucement, me tend ses mamelles pleines de lait, et semble m'inviter à partager la nourriture de l'enfant que je lui avais rendu.

Toutes les consolations humaines n'auraient pu m'empêcher de mourir; cette chèvre et ce chevreau m'attachèrent à la vie. Résolu de passer mes jours avec eux, j'allai chercher une provision d'herbes et de fruits, et j'arrangeai la caverne de manière qu'elle fût commode pour nous trois. Le lendemain je pansai de nouveau la plaie : au bout de quatre jours elle était guérie, et la chèvre sortait, quelquefois seule, quelquefois avec son chevreau, qui nous suivait également tous deux. J'errais, de mon côté, dans les montagnes voisines de ma caverne : tous les soirs nous nous retrouvions. Quand j'avais rencontré dans mes courses du serpolet ou du cytise, j'en apportais à ma compagne ; elle le mangeait dans ma main ; je mangeais mes fruits, et le petit chevreau tétait. Après notre repas, j'allais fermer avec la pierre l'entrée de notre demeure ; et, couchés sur la mousse et les feuilles sèches, nous nous livrions au sommeil.

Aujourd'hui la chaleur du jour avait empêché la chèvre et moi-même de sortir de notre caverne ; le petit chevreau avait long-temps sautillé près de l'entrée : je l'y croyais encore quand je l'ai vu revenir tout tremblant et poursuivi par un chien. Bientôt après un homme a paru. J'avoue qu'à cet aspect je n'ai pas été maître de ma fureur : je me suis élancé sur lui avec le projet de l'étouffer, tant j'étais indigné qu'un homme vînt me ravir les seuls amis qui me restaient. Vous avez été les témoins de mon combat et de son heureuse fin. C'est aujourd'hui le plus beau jour de ma vie : j'ai retrouvé ma Téolinde, je sens revenir ma raison. Je vais passer ma vie avec celle que j'ai toujours adorée, et ma chèvre et mon chevreau ne me quitteront pas. En disant ces mots, il les caressait d'une main, et tendait l'autre à Téolinde.

Le récit d'Artidore avait attendri tout le monde ; on le remercia les larmes aux yeux. Il pria tout bas Elicio de lui donner les moyens de couper sa longue barbe et de prendre un autre habit. Venez avec moi, lui dit le berger ; j'ai dans ma cabane tout ce qui vous est nécessaire. Allez, ajouta Timbrio, nous vous attendons ici ; et, pendant votre absence, je préparerai ce que je dois dire au père de.. Il s'arrêta ; Galatée rougit. Artidore partit avec Elicio : Téolinde lui recommanda de n'être pas long-temps ; et la chèvre et le chevreau le suivirent.

Galatée avait entendu que Timbrio voulait se consulter pour aller parler à son père : elle comprit que sa présence le gênerait ; et, feignant d'être obligée de retourner à la maison, elle prit congé de Blanche, de Nisida et de Téolinde, et gagna le village seule avec sa chère Florise.

Elles en étaient peu éloignées, lorsque quatre hommes, sortis de derrière une haie, saisissent les deux bergères, les empêchent avec des mouchoirs de jeter des cris, et les forcent de monter sur deux mules qu'ils tenaient là toutes prêtes. Galatée et Florise obéissent en tremblant; les quatre ravisseurs montent à cheval, placent au milieu d'eux les mules, et fuient au grand galop vers la frontière de Castille.

Ces ravisseurs étaient les quatre Portugais arrivés dans la maison de Mœris depuis deux jours. Ils s'étaient aperçus du froid accueil de tout le village : la manière dont Elicio les avait regardés pendant le souper, et les coups d'œil qu'il jetait sur Galatée leur avaient fait soupçonner la vérité. Le retard demandé par Mœris pour aller à la vallée des tombeaux, le refus des habitans de les laisser venir à cette vallée, leur avaient semblé un prétexte et une insulte. Ils craignirent de retourner sans Galatée, et se décidèrent à un enlèvement qui devait leur être pardonné quand la fille de Mœris aurait épousé leur maître. Tout leur avait réussi; ils fuyaient avec leur proie; mais l'amour veillait sur Galatée.

Artidore, après avoir pris des habits dans la cabane d'Elicio, revenait avec lui à la fontaine : ils voient de loin les quatre cavaliers, et reconnaissent les bergères. Elicio jette un cri, et vole à sa maîtresse. De ses deux mains il arrête les mules : un Portugais lève le bras pour le percer d'un pieu ferré; Artidore était accouru, et d'un coup de bâton il casse le bras du barbare. Les deux bergères profitent du moment; elles glissent à terre, et, reconnaissant les lieux, elles courent chercher du secours à la fontaine. Pendant ce temps Elicio avait ramassé le pieu du blessé; et se rangeant près d'Artidore, ces deux braves bergers, à pied, armés seulement d'un bâton et d'un pieu, font tête aux trois lâches cavaliers qui veulent venger leur compagnon.

Ce combat inégal se soutient; mais le courage allait céder à la force. Elicio, blessé au bras, ne peut plus se défendre, quand Timbrio, l'épée à la main, tombe comme la foudre sur les Portugais. Du premier coup il fait voler la tête de celui qui pressait le plus Elicio. Tyrcis, Damon, Fabian, arrivent, et les deux ennemis qui restaient prennent la fuite à toute bride.

La blessure d'Elicio n'était pas dangereuse; mais il perdait beaucoup de sang. Galatée en est alarmée: elle l'étanche avec son mouchoir; elle panse elle-même la plaie: cet appareil seul devait guérir Elicio. On le ramène au village le bras en écharpe; Galatée le soutient dans sa marche; et cette faveur le paie trop du danger qu'il vient de courir.

On arrive chez Mœris. Le vieillard, indigné de l'attentat des Portugais, déclare qu'il se croit dégagé de sa parole. Voilà, lui dit Timbrio en lui présentant le blessé, voilà le libérateur de votre fille: Elicio mérite de posséder celle qu'il a sauvée. Sa pauvreté seule a pu vous faire balancer; mais je suis riche, et je veux... Comme il disait ces mots, on entend un grand bruit à la porte de la maison : on regarde, on voit entrer dans la cour un bélier superbe, orné de rubans, et peint de différentes couleurs: son énorme sonnette se distinguait parmi celles de cent brebis qui le suivaient, chacune avec son agneau. Erastre venait après elles ; deux chiens l'accompagnaient. Il entre, laisse à ses chiens la garde du beau troupeau, et, la houlette à la main, il vient parler au père de Galatée.

Mœris, lui dit-il, j'étais amoureux de ta fille, et je pouvais la disputer au Portugais à qui tu la donnes. Mais je me rends justice; ni ce Portugais ni moi ne méritons Galatée : le seul Elicio est digne d'elle. Tu peux en croire cet aveu de la bouche de son rival. Tu exiges que ton gendre soit riche: regarde ce beau troupeau, qui vaut seul un héritage ; il est à Elicio. Ce n'est pas moi qui le lui donne ; je n'ai fait que parcourir les hameaux voisins; Elicio a tant d'amis, que, chacun d'eux ne lui donnant qu'un agneau avec sa mère, en deux jours j'ai formé ce troupeau.

Il n'avait pas fini de parler, qu'Elicio le baignait de ses pleurs. Ah! mon ami, lui dit-il, quel que soit mon sort, ton amitié le rend digne d'envie; je n'ose espérer Galatée; mais... Elle est à toi, s'écria

Mœris les larmes aux yeux. Viens, ma fille, je te donne à ton libérateur; viens embrasser ton époux. Galatée, vermeille comme la rose, approche et craint d'avancer trop vite : Elicio était à genoux, et lui tendait avec respect le seul bras qu'il avait de libre. Galatée le regarde, s'arrête, baisse les yeux, et devient plus vermeille encore. Son père, qui jouit de ce tendre embarras, la prend par la main, la conduit à son heureux époux : là, il fallut encore qu'il la forçât d'approcher son visage du sien; et ce baiser fut le premier que Galatée eût reçu dans toute sa vie.

Alors on raconta à Erastre l'enlèvement de Galatée et de Florise. Timbrio vint à lui : Berger, dit-il, vous m'avez ravi le plus beau moment de ma vie : je voulais partager mon bien avec Elicio, pour lui faire épouser Galatée; vous m'avez prévenu. Vous ne l'aimez pourtant pas plus que moi; mais vous l'aimez depuis plus long-temps, il est juste que vous soyez préféré. J'espère du moins, ajouta-t-il en élevant la voix, que l'on me permettra d'accomplir un autre dessein. Je veux faire quatre parts de ma fortune : la première doit appartenir à mon ami Fabian; j'offrirai la seconde à Téolinde et Artidore, pour les engager à se fixer ici; la troisième sera partagée par les mains de Salvador aux pauvres de ce village, et de la quatrième on achètera une maison, des champs et un troupeau pour Nisida et pour moi. Oui, mes bons amis, je serai berger; je finirai mes jours avec vous, avec Fabian : nos cabanes seront voisines, nos ménages seront unis, nous deviendrons l'exemple du village ; et nous vieillirons tous ensemble dans la paix, la joie et l'amour.

Tout le monde remercia Timbrio : Artidore et Téolinde l'embrassèrent. Mœris voulut que ce soir même tous les contrats fussent rédigés. Il court répandre dans le village la nouvelle de tant d'heureux événemens, et ramène avec lui l'alcade et le vénérable Salvador.

Les contrats furent bientôts faits. L'on convint que, dès le lendemain, Timbrio renverrait toute sa suite à Tolède, avec un homme de confiance qui donnerait de ses nouvelles aux parens de Nisida, et rapporterait en argent comptant la fortune de son maître. Pendant ce voyage, Mœris devait acheter les troupeaux et les fermes des nouveaux bergers; et, en attendant que tout fût prêt, Timbrio et Fabian, avec leurs épouses, devaient demeurer chez Mœris, et Téolinde et Artidore chez Erastre.

Il ne restait plus qu'à fixer le jour des quatre mariages. Elicio, malgré sa blessure, décida que ce serait le lendemain. Le sage Salvador ne put obtenir de lui qu'il différât ; et les autres époux, sans le dire, étaient de l'avis d'Elicio.

On se mit à table ; chaque amant fut placé près de sa maîtresse. Après le repas, on alla s'asseoir au jardin : là, sous une belle treille, au clair de la lune et sur des sièges de gazon, l'on voulut finir par des chants cette heureuse journée. L'un prend sa flûte ; l'autre sa musette : on fait un cercle au milieu duquel sont placés Mœris et Salvador ; et les amans chantent ces paroles :

TIMBRIO.

Je méprisais cette foule importune
    De mortels dignes de pitié,
Qui laissent le repos, l'amour et l'amitié,
    Pour courir après la fortune.
    Aujourd'hui mon cœur leur pardonne,
    Et n'a plus de mépris pour eux :
    Je sens que l'argent rend heureux,
    Mais c'est au moment qu'on le donne.

BLANCHE.

    Long-temps j'ai douté de ta foi,
    Sans rien perdre de ma tendresse ;
    Un jour de plus passé sans toi,
    J'allais mourir de ma tristesse.
    J'ai retrouvé l'objet cher à mon cœur ;
L'amour et l'amitié me fixent au village :

Pour rendre grace au ciel de mon bonheur,
J'irai souvent à l'ermitage.

ARTIDORE.

J'ai cru ma bergère capable
De la plus noire trahison,
Et la perte de ma raison
Punit un soupçon trop coupable.
Je revois celle que j'adore,
Je sens ma raison revenir;
Ah! ce n'est pas pour en jouir :
L'amour va me l'ôter encore.

GALATÉE.

Te souviens-tu de ce beau jour
Où, d'un air si doux et si tendre,
Tu vins me supplier d'entendre
L'aveu de ton fidèle amour?
Je t'écoutais toute honteuse;
Mais le plaisir faisait battre mon cœur :
Tu me demandais ton bonheur,
Et c'était moi que tu rendais heureuse.

ELICIO.

L'amitié suffisait pour embellir ma vie,
Et l'amour seul aurait fait mon bonheur.
J'obtiens tout; je possède une amante chérie,
Et mon ami devient mon bienfaiteur.
Hélas! comment pourrais-je dire
Les sentimens que j'éprouve en ce jour?
Heureux par l'amitié, couronné par l'amour,
Mon pauvre cœur n'y peut suffire.

Il était temps de se retirer. Blanche, Nisida et Téolinde restèrent chez Galatée. Timbrio, Fabian et Elicio allèrent coucher dans la maison de Salvador. Le lendemain, avant l'aurore, les quatre amans frappaient à la porte de Mœris. Timbrio et Fabian portaient déjà la panetière et la houlette. Tous les habitans, instruits dès la veille, avaient préparé pendant la nuit des fêtes plus belles que celles de Daranio. On attendit quelque temps, parce que le bon Mœris dormait encore; mais il parut bientôt, suivi de sa fille, de Téolinde et des deux sœurs habillées en bergères. Le bon Erastre donna la main à Galatée, et la conduisit au temple au milieu des acclamations. Salvador unit les quatre amans, et le ciel bénit leurs mariages. Tous leurs projets s'exécutèrent; ils furent heureux, vécurent long-temps, et s'aimèrent toujours. Leur mémoire est encore honorée dans le beau pays qu'ils habitaient.

FIN DE GALATÉE.

LETTRE
A M. GESSNER,

EN LUI ENVOYANT GALATÉE.

Monsieur,

Vos ouvrages font le bonheur de ma vie; et comme il est impossible que celui qui les a faits ne soit pas le meilleur des hommes, j'espère qu'il me pardonnera de l'importuner d'une lettre. Depuis mon enfance, la Mort d'Abel, Daphnis, les Idylles, le premier Navigateur, sont toujours dans mes mains. Je dois à mes lectures tout ce que j'estime de mon cœur.

Mon admiration pour vos écrits m'a inspiré le désir de faire une pastorale. Je me suis aidé d'un fameux auteur espagnol qui avait votre génie, sans avoir votre douceur. J'ai tâché d'habiller la Galatée de Michel Cervantes comme vous habillez vos Chloés; je lui ai fait chanter les chansons que vous m'avez apprises, et j'ai orné son chapeau de fleurs volées à vos bergères.

LETTRE A M. GESSNER.

Cette passion de vous ressembler m'a valu l'indulgence du public français. J'ose vous envoyer Galatée. Allez, ma fille, lui ai-je dit, allez trouver le maître de tous les bergers : vous poserez doucement votre guirlande sur sa tête, vous vous mettrez à genoux devant lui ; et quand il vous regardera en souriant, comme le bon Amyntas regardait la belle Phyllis (1), vous lui direz : je viens mettre à vos pieds le tribut de respect et d'admiration que vous doivent tous les cœurs sensibles, et que mon père a plus de plaisir à vous payer que personne.

J'ai l'honneur d'être, Monsieur, avec ces sentimens qui dureront autant que ma vie,

Votre très-humble, etc.

---

(1) Dans le charmant poëme de Daphnis.

RÉPONSE
DE M. GESSNER.

Monsieur,

Oui, j'ai reçu votre lettre si obligeante, et la Galatée. Tout ce que je pourrais dire pour excuser le retard de ma réponse et de mes remerciemens, ne m'excuserait pas : mais il est pourtant vrai qu'une indisposition, qui m'a tourmenté presque tout l'hiver, m'avait mis dans une inaction entière. Le printemps vient me guérir : mon premier soin est de vous écrire.

Galatée est arrivée ; elle m'a remis la guirlande que son père m'avait destinée. Ah! qu'elle m'a fait passer des heures délicieuses pendant l'hiver! Depuis le commencement des beaux jours, elle m'accompagne dans mes promenades solitaires ; et les beautés de la nature me donnent la disposition de sentir doublement son prix. Quelle naïveté! quelle grace! quelle sensibilité dans tout ce qu'elle dit! Espagnole d'origine, cela lui donne un air romanesque qui la rend encore plus intéressante. Si vous lui donnez des sœurs aussi aimables qu'elle, elle me sera toujours la plus chère, puisqu'elle a été la première par laquelle vous m'avez assuré de votre amitié.

J'ai l'honneur d'être, avec l'estime et l'attachement le plus tendre,

Monsieur,

Votre très-humble, etc.

La douceur, la grace de cette lettre, et le nom du chantre d'Abel, doivent faire pardonner d'avoir imprimé ces éloges, qui ne sont que des encouragemens dictés par la politesse et par l'indulgence naturelle à tous les grands hommes. (*Note de l'Auteur.*)

ESTELLE,

PASTORALE

PAR FLORIAN.

> Rura mihi riguique placent in vallibus amnes:
> Flumina amo, silvasque inglorius.
> GEORG., lib. II.

ESSAI

SUR

LA PASTORALE.

Beaucoup d'auteurs ont parlé de la pastorale, jugé les poètes bucoliques, donné des préceptes sur ce genre, et peu se sont accordés dans la manière de l'envisager. Les uns veulent que les bergers *aient de l'esprit fin et galant;* les autres recommandent au contraire de ne jamais s'éloigner *de cette simplicité d'or* qui fait le principal charme des ouvrages des anciens; d'autres enfin regardent l'*allégorie comme le principal mérite de l'églogue* (1).

Je ne discuterai point ces différens avis; je veux seulement rendre compte de ma manière de voir la pastorale, et des moyens que je crois les plus propres

(1) Fontenelle, *Discours sur l'Eglogue;* Chabanon, *Essai sur Théocrite;* Desfontaines, *Discours sur les Pastorales.*

à lui donner un degré d'intérêt, peut-être même d'utilité.

On reproche au genre pastoral d'être froid et ennuyeux; défauts qui n'obtiennent jamais grace, surtout en France. Cependant on n'ose point ne pas admirer les églogues de Théocrite et de Virgile : on sait quelques jolis vers de celles de Fontenelle, mais on ne les relit guère; et dès que l'on annonce un ouvrage dont les héros sont des bergers, il semble que ce nom seul donne envie de dormir.

J'ai cru d'abord que ce dégoût venait uniquement de l'énorme distance où nous sommes de la vie pastorale, de la prodigieuse différence de nos mœurs avec les mœurs des bergers; ce qui sûrement y influe. Il est pourtant possible aussi que la faute en soit à la manière dont on a traité ce genre; car il faut bien qu'il y ait plusieurs raisons d'ennui, quand tout le monde est d'accord pour bâiller.

A Dieu ne plaise que je veuille nier ou diminuer le mérite des églogues de Théocrite, de Bion, de Moschus, surtout de Virgile! Ces chefs-d'œuvre, que vingt siècles ont admirés, vivront tant que la belle poésie, le naturel aimable, la touchante simplicité, auront des attraits pour les hommes de goût. Les idylles de Pétrarque, de Sannazar, de Garcilasso, de Pope (1), offrent des beautés dignes des anciens. Les bergeries de Racan (2) justifient quelquefois les éloges de Despréaux. Ségrais et madame Deshoulières ont mis dans leurs églogues de la grace, et quelquefois du naturel. Fontenelle et Lamotte ont semé les leurs de pensées fines, de traits délicats, de vers charmans. Plusieurs autres poètes plus modernes ont su tirer de la flûte champêtre des sons touchans et harmonieux. Gessner surtout l'emporte, à mon avis, sur les anciens mêmes. Gessner n'a peut-être pas cette poésie enchanteresse qui ennoblit dans Virgile les détails les plus communs : il ne charme pas toujours l'oreille comme le poète romain ; mais il parle aussi bien au

(1) Pétrarque et Sannazar, poètes italiens, ont fait des églogues latines. Celles de Garcilasso sont en castillan. Le célèbre Pope a commencé par des pastorales.

(2) Voici des vers de Racan, qui plairont toujours, sans qu'on ait besoin de se rappeler que Racan écrivait du temps de Malherbe, avant que la langue fût formée.

Heureux qui vit en paix du lait de ses brebis,
De leur simple toison voit filer ses habits ;
Qui soupire en repos l'ennui de sa vieillesse,
Aux lieux où pour l'amour soupira sa jeunesse ;
Qui demeure chez lui comme en son élément,
Sans connaître Paris que de nom seulement ;
Et qui, bornant le monde aux bords de son domaine,
Ne croit point d'autres mers que la Marne ou la Seine, etc.

cœur, et lui inspire des sentimens plus purs. On forme son goût en lisant Virgile; on nourrit son ame en lisant Gessner. L'un fait aimer et plaindre Mélibée; l'autre fait respecter et chérir la vertu.

Après cet hommage sincère rendu à mes maîtres, qu'il me soit permis de revenir à mes idées sur la cause du froid accueil que l'on fait aux pastorales.

Je pense que, sans intérêt, aucun ouvrage d'agrément ne peut avoir un succès durable. Or est-il bien facile de mettre de l'intérêt dans une scène entre deux ou trois interlocuteurs qui parlent tous de la même chose, dont les idées roulent sur le même fonds, qui viennent et s'en vont sans motif? L'églogue n'est que cela.

Dans les meilleures comédies, la première scène est presque toujours froide, parce que les personnages nous sont encore inconnus, parce qu'ils ne sont là que pour nous exposer ce dont il s'agira, et nous préparer à l'intérêt. On les écoute dans l'espérance que cette attention vaudra du plaisir; mais si le plaisir ne vient point, on se fâche; car la chose dont les hommes sont peut-être le plus avares, c'est leur attention. Ils ne pardonnent pas qu'on l'ait surprise pour rien; et ce sentiment naturel peut seul excuser la cruauté avec laquelle de très-bonnes gens sifflent la pièce ou déchirent le livre d'un homme qu'ils obligeraient volontiers.

L'églogue a des bornes circonscrites qui lui donnent à peine le moyen de préparer l'intérêt : lorsque cet intérêt arrive, la pièce finit; il faut en commencer une autre. Un recueil d'églogues ressemble donc un peu à un recueil de premières scènes de comédies. Le lecteur n'a pas si grand tort de laisser le livre, et de rester prévenu contre le genre.

Guarini et le Tasse l'avaient senti, puisqu'ils sont les premiers qui, au lieu d'églogues, aient fait une espèce de drame pastoral dont toutes les scènes se suivent, qui marche comme la comédie, et nous offre une longue action conduite par degrés à sa fin.

Entraînés par le goût de leur siècle, ils ont semé dans le *Pastor fido* et dans l'*Aminte* des traits spirituels et délicats, quelquefois même trop fins, dont l'abondante profusion fatigue à la longue un lecteur ami du naturel, et dépare deux ouvrages qui, plus simples, seraient deux chefs-d'œuvre.

Cette manière de traiter la pastorale vaut mieux, je crois, que les églogues détachées; mais elle conserve encore de la froideur, parce que le théâtre ne s'accorde guère avec la bergerie. Dans celle-ci, tout est doux et calme : la douleur pleure et conte ses maux sans pousser les cris du désespoir ; le bonheur jouit sans le dire ; ou, s'il parle de ses plaisirs, c'est pour les confier doucement à l'oreille de l'amitié. Au théâtre, au contraire, les passions extrêmes font seules de l'effet ; on n'émeut que par des explosions violentes, on ne touche qu'en frappant fort. Les fureurs de la tragédie n'ont rien de commun avec les chagrins de l'idylle. Le rire de la comédie ne ressemble point à la gaieté des bergers. Ceux-ci ont leur langue à part : on ne l'entend point hors de leur vallon ; et, transportés sur le théâtre, ils y ont l'air aussi déplacés, aussi mal à l'aise qu'un pâtre dans un palais.

Le meilleur moyen sans doute de rendre la pastorale intéressante, serait de la fondre dans un poëme où elle pût conserver son ton sans cesser d'être d'accord avec le reste de l'ouvrage. C'est ainsi que, dans *les Saisons*, les belles descriptions du réveil de la nature au printemps, des riches paysages de l'été, des plaisirs, des présens de l'automne, et les épisodes de Lise, des deux amans auprès d'un tombeau, s'élèvent jusqu'aux accens les plus sublimes de la poésie, et rentrent, sans que le lecteur s'en aperçoive, sans que le poète change de lyre, dans le ton simple et doux de l'églogue. Mais il est peu de génies qui puissent tenter de pareils ouvrages; et le roman, après le poëme, peut se lire avec intérêt.

En employant ainsi la pastorale, on lui conserve les avantages de la forme dramatique, et on en sauve les inconvéniens; car le roman admet, exige même des scènes. Dans le drame, la nécessité de les lier entre elles par d'autres scènes produit souvent des longueurs : dans le roman, deux mots suffisent à la liaison; la marche est vive, rapide; on court d'événemens en événemens, on ne s'arrête qu'à ceux qui intéressent; les dialogues, les descriptions, les récits, sont entremêlés et délassent les uns des autres : c'est une campagne riante, coupée de ruisseaux, de bois, de collines; le lecteur y marche long-temps sans se fatiguer. Faites-lui faire le même chemin dans une plaine superbe, mais moins variée, il admire et demande à se reposer.

Le charmant roman de *Daphnis et Chloé* a prouvé ce que j'avance. Ce modèle inimitable de grace, de naïveté, a toujours fait plus de plaisir que Théocrite et Guarini. Il en ferait encore davantage, sans quelques images trop libres qui doivent être bannies de tout ouvrage de ce genre. Il faut que l'amour des pasteurs soit aussi pur que le cristal de leurs fontaines; et comme le premier attrait de la plus belle des bergères consiste dans sa pudeur, de même le principal charme d'une pastorale doit être d'inspirer la vertu.

Sannazar est, je crois, le premier des modernes qui ait mis l'églogue en roman. Les beaux jours de l'Italie commençaient alors. Cent ans après, les lettres eurent un moment brillant en Espagne : et Montemayor, Gil Polo, Lope de Vega, Figueroa, Michel de Cervantes imitèrent Sannazar. Après eux, Sidney, en Angleterre, et le marquis d'Urfé, en France, travaillèrent dans le même genre. Tous ces différens ouvrages ont été fort célèbres de leur temps : ils sont presque oubliés du nôtre. Cet oubli est trop sévère pour quelques-uns, surtout pour l'*Astrée*, qui fit si long-temps les délices de la France. *Astrée* a un très-grand mérite d'invention. Beaucoup d'épisodes remplis d'intérêt, des traits de naïveté, de douceur, de sentiment, et surtout les beaux caractères de Diane et de Silvandre, empêcheront ce livre de périr. Mais ce livre a dix volumes; et la longueur, défaut terrible dans presque tous les ouvrages, est encore plus insupportable dans la pastorale (1).

Cette longueur, qui vient presque toujours du trop grand nombre d'épisodes, a le double inconvénient de fatiguer, et de détourner de l'intérêt principal. Tous ces héros, tous ces bergers, qui racontent chacun leur histoire, font oublier ceux qu'on aimait déjà, embarrassent l'esprit du lecteur, et bientôt le rendent indifférent. D'ailleurs ils viennent de trop

---

(1) Sannazar a fait en italien un roman pastoral nommé *l'Arcadie*, dans lequel le défaut d'intérêt et d'action est quelquefois racheté par une teinte de mélancolie qui a du charme pour les ames tendres. La *Diane* de George de Montemayor, poète portugais, qui a écrit en espagnol dans le seizième siècle, est un roman mêlé de prose et de vers. Cet ouvrage pèche par la conduite, l'invraisemblance et la multiplicité des épisodes : il a de plus le défaut capital de commencer par l'infidélité non motivée de l'héroïne, et d'employer la magie pour guérir le héros de sa passion ; mais une infinité de détails, et beaucoup de morceaux de poésie, portent un caractère de sensibilité qui attache le lecteur et lui fait verser des larmes. Trop souvent le goût est blessé, presque toujours le cœur jouit. Il ne faut point traduire la *Diane*, parce que la grace ne se traduit pas. Gil Polo l'a continuée. Lope de Vega a fait une *Arcadie*; Figueroa, une *Amaryllis,* Michel de Gervantes, une *Galatée*. *L'Arcadie*, commencée par la comtesse de Pembroke, et achevée par Sidney, est un grand roman dans le goût de *Cléopâtre*, où les bergers sont mêlés avec les héros. Tout le monde sait que le marquis d'Urfé, dans *Astrée*, raconte ses propres aventures avec Diane de Château-Morand, qu'il épousa depuis.

loin. Tout doit se toucher dans la pastorale. Les bergers ne communiquent qu'avec leurs proches voisins : ils ne quittent guère leur vallon, leurs bois, les bords de leur fleuve : le monde finit pour eux à une lieue de leur village. Il faut donc, si j'ose le dire, accorder l'étendue d'un roman pastoral avec celle du lieu de la scène, proportionner la pièce au théâtre, et faire en sorte que les épisodes, comme l'a dit ingénieusement un Anglais (1), *ressemblent aux courtes excursions des abeilles, qui ne quittent leur ruche que pour aller chercher de quoi l'enrichir, et ne s'en éloignent jamais jusqu'à la perdre de vue.*

Il me reste à parler d'un grand avantage du roman pastoral; c'est le mélange de la poésie et de la prose ; mélange qui plaît, repose, et peut devenir une source féconde de beautés.

Vous avez à peindre un berger malheureux, assis à l'ombre d'un sycomore, la tête appuyée sur sa main, sa flûte tombée à ses pieds, son chien couché près de lui, le regardant d'un air triste et tendre. Vous choisissez les mots les plus simples, les plus clairs, les plus expressifs, pour bien rendre votre tableau. S'il était en vers, la mesure, la rime, une

---

(1) M. Robinson, qui m'a fait l'honneur de traduire en anglais mes ouvrages.

certaine abondance qu'a toujours la poésie, vous forceraient, quel que fût votre talent, à vous servir d'autres expressions, à employer un adjectif, une épithète souvent superflue. La prose vous permet de la rejeter, vous donne la facilité de serrer, de presser votre style, ce qui peut-être est le seul secret de ne pas ennuyer. Quand vous avez montré à votre lecteur l'objet sur lequel vous voulez le fixer; quand, à force de clarté, de précision, de vérité, vous avez créé une image vivante, faites des vers alors, et surtout faites-les bons : ils se présentent d'eux-mêmes. Il est reçu que tout berger, dans le chagrin, chante ses peines. Que le vôtre se plaigne en vers doux et harmonieux : soyez poètes alors; oubliez la précision, la brièveté que vous avez observée dans vos récits; développez vos sentimens; arrêtez-vous sur une idée tendre, sur un souvenir douloureux, sur une espérance d'un bonheur futur : on vous lira, on vous relira peut-être. Ces mêmes vers, dans une églogue et dans un drame pastoral, précédés ou suivis d'autres vers, n'auraient pas fait autant de plaisir qu'ils en feront au milieu de la prose.

Je ne crois pas pourtant qu'il faille que ces vers soient longs, ni qu'ils deviennent trop fréquens dans l'ouvrage. D'abord, en les allongeant, on en diminue l'effet; de plus, les refrains, qui ont de la grace dans le chant pastoral, et que l'on doit employer le plus qu'on peut, font plaisir à la seconde, à la troisième fois, plaisent peut-être à la quatrième, mais fatiguent au-delà. Il faut donc qu'un berger cesse de chanter avant qu'on ait désiré qu'il se taise. Le lecteur, qui, à la fin de sa chanson, lui dirait volontiers *encore*, en aura plus de plaisir à retrouver, quelques pages plus loin, une nouvelle chanson.

Mais qu'il soit quelque temps sans en retrouver; car la manière d'amener ces petits morceaux de poésie est malheureusement toujours la même : c'est toujours un berger ou une bergère qui les chante ou qui les écrit : raison de plus pour en être avare. Encore est-il nécessaire de compenser, par la variété des sujets, l'uniformité du cadre. Aussi l'auteur se gardera bien de chanter toujours des plaintes : il tâchera de mêler quelquefois un peu de gaieté dans ses chants; d'y mettre même, s'il le peut, une légère teinte de philosophie; il aura recours à la romance, quand la romance pourra s'accorder avec son sujet; enfin, sous le nom modeste de *chansons*, il tâchera de faire de petites odes à l'imitation de celles d'Horace et d'Anacréon.

Quant au style de la prose, il doit tenir du roman,

de l'églogue et de poëme. Il faut qu'il soit simple, car l'auteur raconte; il faut qu'il soit naïf, puisque les personnages dont il parle et qu'il fait parler n'ont d'autre éloquence que celle du cœur; il faut aussi qu'il soit noble; car partout il doit être question de la vertu, et la vertu s'exprime toujours avec noblesse.

D'ailleurs, il n'est pas nécessaire qu'il n'y ait que des bergers dans le roman pastoral. Je pense au contraire qu'il est bien fait de mêler avec eux des personnages d'un autre état, d'une condition même très-élevée, pourvu qu'ils n'y tombent pas des nues, et qu'ils aient un rapport direct au sujet. Indépendamment de la variété que cela jette dans l'ouvrage, il est consolant de voir des héros, des princes se rapprocher de simples pasteurs, devenir leurs amis, se croire leurs frères, parce qu'ils ont les mêmes goûts, parce que les cœurs bien nés aiment tous les mêmes choses, la nature et la vertu.

C'est par ce moyen principalement, c'est en peignant des êtres vertueux et sensibles, qui savent immoler au devoir la passion la plus ardente, et trouvent ensuite la récompense de leur sacrifice dans leur devoir même; c'est en présentant la vertu sous son aspect le plus aimable, et prouvant qu'elle est également nécessaire au berger, au prince, pour être heureux, que je crois possible de donner à la pastorale un degré d'utilité. Les bergers d'à présent ne lisent guère, mais les maîtres de leurs troupeaux lisent; et si des auteurs plus habiles que moi, d'après les principes que je viens d'indiquer, faisaient des ouvrages où se réuniraient à l'intérêt d'un sujet bien choisi le tableau touchant des mœurs de la campagne, les descriptions toujours agréables des beautés de la nature, l'heureux mélange de la prose et des vers, surtout des leçons d'une morale pure et douce; de tels livres ne seraient, je crois, ni ennuyeux, ni futiles; et les pauvres des villages s'apercevraient que leur seigneur les lit souvent.

J'ose essayer ce que d'autres feront mieux sans doute. Il est peut-être maladroit d'avoir commencé par exposer les règles et les principes qui doivent perfectionner ce genre d'ouvrage. Je crains d'y avoir manqué le premier. Mais, si une seule de mes réflexions est utile, mon temps n'a pas été perdu.

Je n'ai pourtant jamais tant désiré de bien faire. Indépendamment du genre pastoral, que j'ai toujours aimé de prédilection, mon ouvrage avait un intérêt puissant pour mon cœur: la scène est dans la province, dans l'endroit même où je suis né: il est si doux de parler de sa patrie, de se rappeler les lieux où l'on a passé ses premiers ans, où l'on a senti ses premières émotions! Le nom seul de ces lieux a un charme secret pour notre ame : elle semble se rajeunir en pensant à ce temps heureux de l'enfance où les plaisirs sont si vifs, les chagrins si courts, les jouissances si pures. Ce souvenir est toujours accompagné de souvenirs encore plus chers; ceux qui nous donnèrent le jour, ceux qui prirent de nous de tendres soins, nos premiers, nos meilleurs amis viennent embellir les scènes qui se retracent à notre mémoire. On se croit encore avec eux; on se trouve tel que l'on était alors; on oublie les peines, les injustices que l'on éprouva depuis, les maux que l'on s'attira, les fautes que l'on a commises; on ne se souvient que de ses sentimens, qui valent presque toujours mieux que les actions; de douces larmes coulent malgré soi, et l'on s'écrie avec le premier des poètes latins :

En unquam patrios, longo post tempore, fines,
Pauperis et tuguri congestum cespite culmen,
Post aliquot, mea regna videns, mirabor aristas!

ESTELLE.

LIVRE PREMIER.

J'ai célébré les bergers du Tage; j'ai décrit leurs innocentes mœurs, leurs fidèles amours, et la félicité dont on jouit avec une ame pure et tendre. C'était la première fois que mes doigts mal assurés se posaient sur la flûte champêtre : ma tremblante voix essayait des airs nouveaux pour elle, et mon oreille inquiète demandait à l'écho des forêts si les nymphes pouvaient m'entendre. Aujourd'hui, moins ignorant, mais non moins timide, je médite des chants plus doux à mon cœur : je veux célébrer ma patrie; je veux peindre ces beaux climats où la verte olive, la mûre vermeille, la grappe dorée, croissent ensemble sous un ciel toujours d'azur; où, sur de riantes collines, semées de violettes et d'asphodèles, bondissent de nombreux troupeaux; où enfin un peuple spirituel et sensible, laborieux et enjoué, échappe aux besoins par le travail, et aux vices par la gaieté.

Je te salue, ô belle Occitanie, terre de tous les temps aimée des peuples qui t'ont connue ; toi que les Romains embellirent des chefs-d'œuvre de leurs arts, toi dont l'agréable climat força les fiers enfans du Nord de se fixer dans tes plaines ; pour qui les Arabes quittèrent la délicieuse Ibérie, et que les Français ont regardée comme le prix le plus beau des victoires de Charles Martel ! La nature a réuni dans ton sein les trésors partagés au reste du monde. Sous ton ciel, aussi pur et moins brûlant que celui d'Espagne, s'élèvent des moissons plus abondantes que celles des campagnes d'Enna ; tes raisins ont fait oublier ceux de Falerne et de Massique ; l'olivier se plaît sur tes coteaux aussi bien que sur les bords de la Durance ; tes arbres nourrissent le ver qui file la pourpre des rois : le marbre, la turquoise et l'or sont produits par ton sol fertile ; des eaux qui rendent la santé découlent de tes montagnes ; les plantes les plus salutaires croissent en foule dans tes champs. Combien de grands hommes, sortis de ton sein, ont rendu ton nom célèbre chez les nations étrangères ! Le trône des Césars t'a dû les Antonins ; et ce seul bienfait t'a valu la reconnaissance du monde. L'Orient se souvient encore de ce sage et brave Raimond qui, le premier des chrétiens, arbora la croix de Toulouse sur les remparts de la ville sainte ; l'Aragon se vante des rois à qui tu donnas la naissance; Rome chérit la mémoire des pontifes qu'elle reçut de toi; la France se glorifie de tes capitaines, de tes magistrats; la poésie enchanteresse te dut son premier asile. O terre féconde en héros, en talens, en fruits, en trésors, je te salue!

Et vous, bergères de mon pays, qui cachez sous un chapeau de paille des attraits dont tant d'autres seraient vaines; vous dont le cœur a conservé cet amour sacré des devoirs qui mêle un charme secret aux sacrifices qu'il ordonne, cette pudeur aimable et sévère, seule parure de la jeunesse, cette simplicité touchante, unique reste de l'âge d'or, prêtez l'oreille à mes récits. Estelle vous ressemblait; Estelle avait vos yeux noirs et brillans et vos longs cheveux d'ébène, et votre visage si doux, où la candeur s'unit à la grace, à cette grace naïve qui fuit la beauté qui la cherche, et ne quitte point celle qui l'ignore. Estelle avait vos vertus: elle fùt pourtant malheureuse. Puissiez-vous ne l'être jamais! Puissent vos beaux yeux ne répandre de larmes que pour plaindre mon héroïne!

Sur les bords du Gardon, au pied des hautes montagnes des Cévennes, entre la ville d'Anduze et le village de Massane, est un vallon où la nature semble avoir rassemblé tous ses trésors. Là, dans de longues prairies où serpentent les eaux du fleuve, on se promène sous des berceaux de figuiers et d'acacias. L'iris, le genêt fleuri, le narcisse, émaillent la terre : le grenadier, l'aubépine, exhalent dans l'air des parfums : un cercle de collines parsemées d'arbres touffus ferme de tous côtés la vallée; et des rochers couverts de neige bornent au loin l'horizon.

Près de cette retraite charmante, nommée à juste titre *Beau-rivage* (1), vivaient, sous le règne de Louis XII, des bergers et des bergères dignes d'habiter ces lieux enchantés. Des villages de Massane, de Maruèje, d'Arnassan, ils venaient se rassembler dans la vallée de *Beau-rivage;* leurs troupeaux, tantôt réunis, tantôt dispersés, allaient chercher le serpolet sur les collines; des chiens terribles faisaient la garde du côté des montagnes; et les pasteurs avec les bergères, assis ensemble près du fleuve, jouissaient des doux plaisirs que donnent un beau ciel, un bon roi, l'innocence et l'égalité.

De toutes ces bergères, l'honneur, l'ornement de leur pays, Estelle fut la plus belle, la plus tendre, la plus vertueuse. Fille de Raimond et de Marguerite, elle aimait, respectait ses parens presque à l'égal de l'Être suprême. Instruite de bonne heure de ses devoirs, sans cesse occupée de les suivre, elle n'avait jamais imaginé qu'il pouvait s'en trouver de pénibles. Toutes ses pensées étaient pures comme la source du Gardon; tous ses désirs avaient pour objet la félicité des autres. Simple, douce, franche, sensible, elle ne distinguait point le bonheur de la vertu.

Estelle habitait à Massane. Némorin, berger du même village, l'avait aimée dès l'enfance. De même âge tous deux, également beaux tous deux, dès leurs plus tendres années ils allaient ensemble à la prairie. Némorin portait toujours la panetière ou la houlette d'Estelle; Némorin, à chaque aurore, allait cueillir les bluets qu'Estelle aimait à mêler dans les longues tresses de ses cheveux noirs. Jamais ces beaux enfans n'étaient l'un sans l'autre. Tantôt ils réunissaient leurs troupeaux, allaient s'asseoir sur le même gazon; et, dans les douceurs de leur entretien, chacun n'était attentif qu'aux brebis qui ne lui appartenaient pas : tantôt ils allaient ensemble cueillir des figues ou des mûres; et lorsque leurs mains ne pouvaient atteindre aux rameaux trop élevés, Némorin montait sur l'arbre, d'où il jetait dans le tablier d'Estelle les meilleurs et les plus beaux fruits : d'autres fois, près des genévriers, ils tendaient des pièges aux grives; et quand l'un d'eux apercevait le premier un oiseau pris dans ses lacets, il courait vite chercher l'autre pour que ce fût lui qui s'en emparât. Leurs plaisirs, leurs peines, tout était commun, tout se partageait entre eux. Cette innocente amitié était connue de tout le village, était respectée de tous les bons cœurs ; et les parens d'Estelle n'en prirent aucune alarme, jusqu'à un événement qui commença de les éclairer.

C'était aux premiers jours de mai ; on allait tondre les brebis. Ce travail est mêlé de fêtes ; dès le matin les bergers et les bergères se rendent à la vallée avec les moutons qu'ils vont dépouiller. Chaque pasteur prend un lien d'osier, renverse le doux animal, inquiet du sort qu'on lui prépare, et attache ensemble ses quatre pieds. Le mouton, couché sur la terre, soulève la tête en bêlant ; il tremble à l'aspect des ciseaux terribles dont il voit les bergers s'armer. On s'assied en cercle ; la tonte commence, et le cliquetis du fer, les chansons des jeunes bergères, les éclats bruyans de la joie commune, n'interrompent point les musettes qui font danser près de là ceux qui n'ont point de troupeau. Plus loin, de jeunes hommes robustes s'exercent au saut, à la lutte ; d'autres, sur de petits chevaux qui ont la vitesse du cerf, disputent le prix de la course ; d'autres, avec un mail de cormier, font voler dans l'air une boule de buis. Quelques pasteurs quittent le travail pour aller danser avec les bergères, tandis que les plus jeunes filles s'emparent de leurs ciseaux pesans, et d'une main faible et peu exercée coupent l'extrémité de la laine, en craignant d'offenser la brebis.

L'heure du repas arrive; tout le monde court se placer autour d'une table immense, couverte de mets du pays. La sobriété, la joie président à ce festin. Les riches en ont fait les frais, les pauvres en font les honneurs. Les époux, les amans sont près de leurs femmes et de leurs maitresses; les mères parlent des prix que leurs fils viennent de gagner; les vieillards racontent d'anciennes histoires; les bergères chantent des chansons nouvelles. Le muscat pétille dans les verres : son bouquet parfumé redouble la joie sans faire naître la licence. Tous sont contens, tous sont heureux; et la journée est remplie par le travail, l'amour, le plaisir.

Lorsque le soir est venu, et la laine portée au village, on se rend sous un vieux peuplier consacré depuis plus d'un siècle à cet usage. Son tronc vénérable est environné d'un double siège de gazon. Là se placent les vieillards, tenant un jeune bélier orné de rubans et de guirlandes : c'est le prix du combat du chant.

Le premier jour qu'on le proposa, tous les pasteurs de Massane furent vaincus par un berger nommé Hélion, parent d'Estelle, et venu, pour voir sa famille, des bords fleuris de la Durance. Les vieillards lui donnent le prix; et, soit amitié pour Estelle qui n'avait encore que douze ans, soit désir de plaire à Raimond, le vainqueur provençal vient offrir le bélier à son aimable cousine en lui demandant un baiser.

Némorin, qui, à son âge, n'avait pu entrer en lice, Némorin qui comptait à peine sa treizième année, sort de la troupe d'enfans dans laquelle il était mêlé, et s'élançant vers Hélion avec des yeux pleins de colère : Le prix n'est pas encore à vous, dit-il, vous ne m'avez pas vaincu.

Toute l'assemblée applaudit en riant. Némorin demande qu'on l'écoute. Il fait rendre le bélier aux juges, appelle le jeune Isidore, son ami, son compagnon ; et regardant les bergers avec douceur et modestie :

J'ai applaudi comme vous, leur dit-il, à la brillante voix du fameux Hélion : mais l'heureuse Provence est-elle donc le seul pays où l'on sache vaincre au combat du chant? Le désir de venger ma patrie doit me tenir lieu de génie. Hélion vient de célébrer la beauté des rives de la Durance : ses seuls compatriotes les connaissent. Je vais célébrer l'amour : tout l'univers chérit mon sujet.

Il dit et tire une flûte sur laquelle il joue un air tendre ; ensuite il remet l'instrument entre les mains d'Isidore, qui, répétant les mêmes sons, accompagne ces paroles :

Ne méprisez point mon enfance :
Celui que vous adorez tous,
Celui dont l'empire est si doux
Qu'un sourire fait sa puissance,
Des bergers, des princes le roi
N'est-il pas enfant comme moi?

Au timide il donne l'audace,
Il rend doux le plus emporté;
Au sage il prend sa liberté,
Et par le bonheur la remplace :
Des héros, des sages le roi
N'est-il pas enfant comme moi?

Il créa tout ce qui respire :
Son souffle anime l'univers.
Sur la terre, aux cieux, dans les mers,
Partout il étend son empire :
De la nature il est le roi;
Et c'est un enfant comme moi.

On m'a dit qu'un peu de souffrance
Faisait acheter ses faveurs;
Mais, pour adoucir ses rigueurs,
Il nous a donné l'espérance.
De nos cœurs lui seul est le roi;
Et c'est un enfant comme moi.

Dans l'art qu'à mon âge on ignore
Estelle m'a rendu savant ;
Quand l'astre du jour est brûlant,
On ressent ses feux dès l'aurore :
Des dieux et des hommes le roi
N'est-il pas enfant comme moi ?

Ainsi chanta Némorin. D'une voix unanime on lui donne le prix. Hélion, s'efforçant de sourire, applaudit lui-même à son jeune vainqueur. Tous les enfans poussent des cris de joie, et viennent porter des couronnes à Némorin. Celui-ci court au bélier, le prend dans ses bras, le soulève à peine; mais, aidé par Isidore et ses jeunes compagnons, il va le porter aux pieds d'Estelle : J'ai chanté l'amour, lui dit-il; et si l'amour m'a fait vaincre, c'est pour que le prix soit à vous.

Estelle rougit en regardant sa mère. Marguerite permet qu'elle accepte ce don, et la bergère hésite encore. Enfin, d'une main tremblante, elle saisit le ruban vert qui était passé au cou du bélier. Les applaudissemens redoublent; la troupe des enfans surtout, qui, depuis la victoire de Némorin, se regardait comme la première, fait éclater ses bruyans transports. Tous veulent qu'Estelle embrasse Némorin, tous le demandent à haute voix. Estelle, effrayée, se retire entre les bras de Marguerite, elle refuse d'obéir : mais Marguerite et les juges lui prescrivent ce devoir d'usage envers les vainqueurs. Alors Estelle, vermeille comme la fleur de l'églantier, penche son visage vers Némorin, en tenant toujours la main de sa mère. Némorin s'approche en tremblant, baisse les yeux, se met à genoux, et ses lèvres effleurent à peine le vif incarnat de la joue d'Estelle. O que ce baiser les rendit à plaindre ! combien il redoubla le feu qui commençait à les consumer ! la liqueur exprimée de l'olive ne rend pas plus ardente la flamme sur laquelle on la répand.

Depuis cet instant, Némorin sentit accroître chaque jour le sentiment qui l'entraînait vers Estelle; chaque jour la tendre bergère trouva Némorin plus aimable. L'âge vint ajouter des forces à leur penchant mutuel. Bientôt Estelle fut alarmée du trouble qui l'agitait; bientôt Némorin, effrayé, connut toute la violence du feu qui le dévorait : mais il n'était plus temps de l'éteindre; tous deux étaient frappés d'un trait dont la blessure ne devait pas guérir; tous deux avaient à combattre leur cœur, l'amour et seize ans.

Le vieux Raimond, le père d'Estelle, s'aperçut avec chagrin de la passion du jeune pasteur. Raimond avait promis sa fille à un laboureur de Lézan. Rigide observateur de sa parole, il eût préféré de mourir plutôt que de manquer à sa foi. Jaloux, jusqu'à l'excès, de son autorité, Raimond devenait inflexible aussitôt qu'on voulait s'y soustraire. Sévère pour les autres comme pour lui-même, il exigeait de tous les cœurs les austères vertus du sien. Bon père, bon époux, mais peu tendre, il regardait comme faiblesse tout sentiment qui n'était pas devoir.

Son premier soin avait été d'interdire sa maison à Némorin, et de défendre à sa fille de parler à ce berger. Estelle avait obéi : mais chaque jour, à la vallée, les deux amans se rencontraient; ils se jetaient un seul coup d'œil; et, sans violer les ordres de Raimond, sans s'approcher, sans se parler, en se quittant ils s'étaient dit tout ce qu'ils avaient à se dire.

Ce calme ne dura pas long-temps. Un matin que le jeune berger faisait sortir ses brebis, il voit paraître le père d'Estelle, qui, d'un ton triste et sévère, lui demande un moment d'entretien. Némorin, tremblant, abandonne ses moutons, fait asseoir le vieillard sur la pierre où s'abreuvaient ses agneaux, et, debout, dans le respect, il écoute ces paroles :

Je viens ici, Némorin, pour vous ouvrir mon âme tout entière, pour vous faire juge de ma conduite. J'avais un ami qui s'appelait Maurice; nous nous sommes aimés quarante ans. Lorsque jadis un hiver désastreux fit périr mes brebis, mourir mes vignes, geler mes oliviers, ma famille, mes parens m'abandonnèrent. Maurice, que ses richesses mettaient à l'abri de l'indigence, partagea ses biens avec moi. Je l'ai perdu cet ami ! A sa dernière heure, il m'a fait jurer que j'unirais Estelle avec son fils Méril. Méril a les vertus de son père; il est amoureux de ma fille, il compte sur la parole que j'ai donnée à mon bienfaiteur mourant : pensez-vous que je puisse y manquer ?

Raimond se tut; Némorin n'osait répondre. Mon estime pour vous, reprit le vieillard, interprète votre silence. Cependant vous aimez ma fille; votre amour pour elle est public. Me promettez-vous de l'éteindre ? Me jurez-vous de fuir les lieux où vous pouvez rencontrer Estelle? Tranquille sur votre foi, je n'aurai plus la moindre alarme. Si cet effort est trop grand pour vous, j'arrache Estelle à sa patrie, à ses parens, à tout ce qu'elle aime : je cours l'unir avec Méril; ensuite nous passerons la mer pour habiter où vous ne serez pas.

Ainsi parla le vieillard. Némorin lui répondit :

Raimond, si je vous promettais d'éviter partout votre fille, de chercher même à oublier un sentiment plus cher que la vie, je me tromperais moi-même. Mais il n'est pas juste que, pour me fuir, vous enleviez Estelle à sa patrie; il n'est pas juste que, pour ma faute, vous punissiez tout ce pays : c'est à moi seul de le quitter. J'en mourrai, c'est mon espérance ; mais je mourrais plus douloureusement en voyant Estelle unie à Méril. Recevez donc mon serment...

Ici le berger s'arrêta, s'appuya contre l'abreuvoir, et sa tête tomba sur sa poitrine. Oui, je vous jure, ajouta-t-il, que je vais partir de Massane. Orphelin et maître de moi, je peux disposer de ma vie. Je partirai dès ce jour ; j'irai aussi loin que vous le voudrez : nommez vous-même le lieu de mon exil, ou plutôt de ma sépulture.

Je te plains, reprit le vieillard ; mais ce sacrifice est nécessaire. Je ne te demande que de passer le Gardon. Promets-moi de ne jamais le repasser, je suis satisfait et tranquille.

Soyez-le, reprit Némorin ; et qu'Estelle puisse être heureuse ! Je vais passer pour toujours le Gardon.

En disant ces mots, il s'éloigne, et tombe sans sentiment. Raimond accourt, le prend dans ses bras, veut le rappeler à la vie. Le berger rouvre des yeux éteints ; il repousse doucement Raimond, et le prie de s'éloigner. Le vieillard le quitte, mais il est ému ; il s'occupe déjà des moyens de récompenser le jeune pasteur, et prend aussitôt la route du beau vallon de Rémistan.

Dès que Némorin put marcher, il courut chez

Estelle. P. 34.

Isidore. Isidore était allé ce matin même à la ville. En revenant de chez son ami, le triste Némorin passa devant la maison d'Estelle ; mais sa porte était fermée ; sa fenêtre l'était aussi. Son troupeau ne devait pas sortir ; Raimond l'avait défendu, dans la crainte qu'Estelle ne vît Némorin. Le berger devina l'intention du vieillard. Immobile, les mains jointes, il regarda long-temps cette maison : O combien de fois, disait-il, ne l'ai-je pas vue à cette fenêtre ! combien de fois, avant l'aurore, ne suis-je pas venu attendre ici l'instant où elle paraîtrait ! et je n'y reviendrai plus ! et je ne la verrai plus !

En disant ces mots, il se laisse tomber sur une pierre polie qu'autrefois il avait portée dans cet endroit pour qu'Estelle pût s'y asseoir, quand, ramenant les brebis du pâturage, elle ouvrait la porte aux agneaux, et se plaisait à les voir courir à la mamelle de leur mère. Le malheureux berger, avec la pointe de son couteau, grave ses adieux sur cette pierre, la baise mille fois, la mouille de ses pleurs : ensuite il regagne sa demeure, prend sa flûte, sa houlette, rassemble son troupeau peu nombreux ; et, suivi de son chien fidèle, le bon Médor, la terreur des loups, il part en retournant la tête vers la maison de sa bien-aimée, en prenant le plus long chemin pour arriver au pont de Ners, où il devait passer le fleuve.

Quand il fut près de cet endroit, distant de plus d'une lieue de Massane, il s'arrêta, fit reposer ses moutons; et, voulant reculer l'instant où il passerait à l'autre rivage, il se coucha sous un olivier, près de son fidèle Médor, dont les yeux tendres et inquiets semblaient chercher dans ceux de son maitre la cause de son chagrin. Là, l'infortuné pasteur, jetant un dernier regard sur cette belle vallée qu'il allait abandonner, se mit à chanter ces paroles :

>Je vais donc quitter pour jamais
>Mon bon pays, ma douce amie !
>Loin d'eux je vais traîner ma vie
>Dans les pleurs et dans les regrets.
>Vallon charmant, où notre enfance
>Goûta ces plaisirs purs et frais
>Que donne la simple innocence,
>Je vais vous quitter pour jamais !

>Champs que j'ai dépouillés de fleurs
>Pour orner les cheveux d'Estelle;
>Roses qui perdiez auprès d'elle
>Et votre éclat et vos couleurs;
>Fleuve dont j'ai vu l'eau limpide,
>Pour réfléchir ses doux attraits,
>Suspendre sa course rapide,
>Je vais vous quitter pour jamais !

Prairie où, dès nos premiers ans,
Nous parlions déjà de tendresse,
Où, bien avant notre jeunesse,
Nous passions pour de vieux amans;
Beaux arbres où nous allions lire
Le nom que toujours j'y traçais,
Le seul qu'alors je susse écrire,
Je vais vous quitter pour jamais.

Ainsi chantait Némorin. Estelle, que son père, sous divers prétextes, retenait à la maison, songeait à son berger, et désirait d'être au lendemain pour le rejoindre. L'aurore paraissait à peine, qu'elle fit sortir ses brebis, et courut éveiller la jeune Rose; Rose, sa fidèle amie, la confidente de tous ses secrets; Rose qui, à dix-sept ans, belle, aimable, libre, sensible, n'avait jamais voulu songer ni à l'hymen, ni à l'amour, parce que l'amitié d'Estelle suffisait pour remplir son cœur.

Les deux amies, joignant leurs moutons, descendirent ensemble à la vallée. Aucun troupeau n'y était encore. Bientôt ils arrivèrent tous, et Némorin ne parut pas. Chaque pasteur, chaque bergère le demandait. Estelle seule n'osait se plaindre de son absence; mais elle regardait sans cesse le chemin par où il avait coutume d'arriver. La journée entière s'écoula sans avoir de nouvelles de Némorin. Estelle, inquiète et affligée, regagna de meilleure heure le village, reconduisit Rose chez elle, et, toute pensive, vint compter ses brebis sur sa pierre accoutumée. En approchant, elle aperçoit des caractères, reconnait la main de son amant, accourt, et lit ces tristes mots :

> Adieu, bergère chérie,
> Adieu, mes seuls amours;
> Je vais quitter la prairie
> Où tu venais tous les jours.
>
> Exilé sur l'autre rive,
> J'y parlerai de ma foi;
> Mais, hélas! ma voix plaintive
> Ne viendra plus jusqu'à toi.
>
> Ne pleure pas, mon amie,
> J'ai peu de temps à souffrir :
> Tout mal cesse avec la vie,
> Et qui te fuit, va mourir.

Estelle, malgré ses larmes, relut plusieurs fois ces adieux. Elle ne pouvait en détacher sa vue; elle se plaisait à les répéter; elle approchait ses lèvres des caractères. Forcée enfin de s'arracher de cette pierre, elle rentre dans sa maison, profondément occupée de ce départ, de cet exil, dont elle ne peut pénétrer le motif.

Marguerite, la bonne Marguerite, s'aperçoit du chagrin de sa fille; elle lui en demande la cause en la serrant dans ses bras. Estelle, sans lui répondre, la prend par la main, la conduit à la pierre, et fond en larmes en lui montrant les mots tracés. Marguerite partage ses peines; elle presse Estelle sur son cœur maternel; elle veut aller à l'instant s'informer dans tout le village de ce qu'est devenu Némorin; mais Raimond, qui rentre chez lui, appelle sa femme et sa fille.

Vous n'ignorez pas, dit-il à Marguerite, la parole que j'ai donnée à Maurice. Le temps est venu de l'acquitter. Méril arrive ce soir de Lézan. Vous le connaissez, ma fille; vous savez combien ses vertus le font respecter de tout le canton : préparez-vous à devenir sa femme. Forcé d'aller à Maguelonne pour des affaires d'intérêt, je ne veux partir qu'après ce mariage. Il se fera dans trois jours. Votre mère pourra vous dire que je ne serais pas le maître de vous donner un autre époux, quand même je n'aurais pas si bien choisi.

Raimond, après ces paroles, sortit pour aller au-devant de Méril. Estelle et sa mère, interdites, attendirent que le vieillard fût loin pour se jeter dans les bras l'une de l'autre. Marguerite raconte à sa fille le serment fait à Maurice. Estelle pleure et se tait. Hélas! s'écrie Marguerite, je sens tout ce que tu souffres, et je ne puis te secourir. Tu m'es plus chère que la vie, mais je mourrais mille fois plutôt que de résister au moindre désir de mon époux. Il est pour moi l'image de Dieu même, ses volontés sont mes lois; et les qualités que j'adore en lui ajoutent encore au respect que sa présence me commande. Pardonne, ma chère Estelle, pardonne-moi ce sentiment que rien ne pourrait altérer. Je saurai pleurer avec toi, sache obéir avec ta mère.

A ces mots elle embrasse Estelle, et toutes deux restent long-temps serrées l'une contre l'autre. Mais elles aperçoivent Raimond, et se hâtent d'essuyer leurs yeux. Le vieillard paraît, suivi de Méril : Estelle pâlit à cette vue; Marguerite s'avance pour la soutenir.

Le jeune laboureur se présente avec plus de franchise que de graces: sa figure, moins agréable que noble, annonçait ce calme sérieux que donne l'austère vertu. Ses yeux, peu animés, cherchaient Estelle sans l'air de l'empressement.

Voilà votre femme, lui dit Raimond : elle aimera son époux comme elle a toujours aimé ses devoirs. Quant aux vôtres, vous les connaissez, et vous les remplirez, j'en suis sûr, car vous êtes fils de Maurice.

Méril, à ces mots, prend la main d'Estelle, et la regardant avec gravité : Fille de Raimond, lui dit-il, mon cœur est à vous depuis le premier jour où je vins à la fête de votre village. Je m'efforcerai de gagner le vôtre : si l'estime et la confiance ont des droits sur une belle ame, j'espère y parvenir un jour.

Estelle rougit sans répondre. Marguerite se hâte de parler, tandis que Raimond fait dresser la table, place Méril auprès d'Estelle, et l'entretient, pendant le souper, de son amitié pour Maurice, du plaisir qu'il trouve à donner sa fille au fils de son ancien ami, et des nombreux troupeaux qu'elle aura pour dot.

A la fin du repas, le vieillard, voulant faire entendre à Méril la charmante voix d'Estelle, lui ordonne de chanter. C'est vainement que Marguerite veut lui épargner ce pénible effort : Raimond répète son ordre; Marguerite se tait, et la triste Estelle commence alors cette chanson que Némorin lui avait apprise.

> Que j'aime à voir les hirondelles,
> A ma fenêtre tous les ans,
> Venir m'apporter des nouvelles
> De l'approche du doux printemps !
> Le même nid, me disent-elles,
> Va revoir les mêmes amours :
> Ce n'est qu'à des amans fidèles
> A vous annoncer les beaux jours.

Lorsque les premières gelées
Font tomber les feuilles des bois,
Les hirondelles rassemblées
S'appellent toutes sur les toits :
Partons, partons, se disent-elles,
Fuyons la neige et les autans :
Point d'hiver pour les cœurs fidèles,
Ils sont toujours dans le printemps.

Si par malheur, dans le voyage,
Victime d'un cruel enfant,
Une hirondelle mise en cage
Ne peut rejoindre son amant,
Vous voyez mourir l'hirondelle
D'ennui, de douleur et d'amour,
Tandis que son amant fidèle
Près de là meurt le même jour.

Estelle ne put finir sa chanson. Raimond, qui s'en aperçut, ne voulut pas la presser davantage. Il quitte la table ; et Méril, plus épris que jamais d'Estelle, embrasse le vieillard, le supplie de hâter son bonheur, et se retire chez son oncle Prosper, qui demeurait à Massane.

Marguerite, dont les yeux maternels n'ont pas quitté les yeux de sa fille; Marguerite, qui connaît et partage tous ses tourmens, invite tendrement Estelle à s'aller livrer au sommeil.

Estelle obéit, vient saluer son père, se jette dans les bras de sa mère, qu'elle presse fortement contre son cœur; et, détournant son visage pour cacher ses larmes, elle se hâte de gagner l'asile où du moins elle pourra pleurer.

FIN DU PREMIER LIVRE.

LIVRE SECOND.

Ils sont cruels les chagrins d'amour ; mais le calme d'un cœur insensible l'est davantage. Les plaisirs mêmes que donnent la grandeur, les richesses, la vanité, ne valent pas les peines des amans. L'homme au faîte des honneurs, entouré de trésors, environné d'esclaves, tourne ses regards avec complaisance sur ses premières années : il était pauvre alors, mais il aimait ; ce seul souvenir est plus doux pour lui que toutes les jouissances de la fortune. Amour, toi seul remplis notre ame, toi seul es la source de tous les biens, tant que la vertu s'accorde avec toi. Ah! qu'elle soit toujours ton guide, et que tu sois son consolateur! Ne vous quittez jamais, enfans du ciel; marchez ensemble en vous tenant la main. Si vous rencontrez dans votre route les chagrins ou les malheurs, soutenez-vous mutuellement.

Ils passeront, ces malheurs, et la félicité dont vous jouirez en aura cent fois plus de charmes; le souvenir des peines passées rendra plus touchans vos plaisirs. C'est ainsi qu'après un orage on trouve plus vert le gazon, plus riante la campagne couverte de perles liquides, plus belles les fleurs des champs relevant leurs têtes penchées, et l'on écoute avec plus de délices l'alouette ou le rossignol qui chantent en secouant leurs ailes.

Estelle, seule dans sa chambre, songeait au fatal mariage qui devait se terminer dans trois jours. Elle ne pouvait comprendre pourquoi Némorin l'avait abandonnée; elle inventait des motifs de son départ, formait le projet de l'aller chercher, et réfléchissant au mot de l'autre rive qui était dans ses adieux, elle résolut de visiter les bords du Gardon pour en apprendre des nouvelles.

Dès que le jour a paru, Estelle court à la vallée. Elle y laisse son troupeau sous la conduite de Rose, et, suivie seulement de son mouton favori, le même que Némorin lui avait donné le jour où il vainquit Hélion, elle descend le long du fleuve du côté du pont de Ners.

Pendant le chemin, la triste Estelle regardait la rive opposée. Dès qu'elle voyait un troupeau, son cœur palpitait d'espérance : elle doublait le pas, s'avançait plus près du fleuve, et, le cou tendu, le corps penché sur les eaux, elle cherchait des yeux le berger. Quelquefois une colline, des arbrisseaux,

des rochers l'empêchaient de voir l'autre bord ;
alors elle chantait pour que Némorin pût l'entendre ;
mais la modeste bergère, ne voulant être entendue
que de lui seul, avait choisi cette chanson :

    L'autre jour la bergère Annette,
    Ayant perdu son bel agneau,
    Pleurait et disait à l'écho
    Ses chagrins que l'écho répète :
    Ah ! bel agneau, tu me trompais,
Lorsque tu paraissais me chérir pour la vie ;
Hélas ! d'après mon cœur, je n'aurais cru jamais
    Que l'on pût quitter son amie.

    Je t'ai vu, dédaignant l'herbette,
    Mieux aimer souffrir de la faim
    Que de prendre d'une autre main
    Les fleurs que t'apportait Annette.
    Ah ! bel agneau, tu me trompais,
Lorsque tu paraissais me chérir pour la vie ;
Hélas ! d'après mon cœur, je n'aurais cru jamais
    Que l'on pût quitter son amie.

    Au moindre son de ma musette
    Je te voyais vite accourir,
    Aujourd'hui tu m'entends gémir,
    Et tu fuis loin de ton Annette.
    Ah ! bel agneau, tu me trompais,

Lorsque tu paraissais me chérir pour la vie;
Hélas! d'après mon cœur, je n'aurais cru jamais
    Que l'on pût quitter son amie.

Estelle était parvenue à l'angle que fait le Gardon; vis-à-vis de Maruèje; elle n'avait plus qu'un court trajet pour arriver au pont de Ners, quand elle aperçut des brebis qui paissaient dans la presqu'île formée par le fleuve dans cet endroit. Estelle s'arrête, regarde, et ne découvre ni berger ni chien. Elle continuait sa marche, lorsqu'une de ces brebis se mit à bêler; aussitôt le mouton d'Estelle se jette à la nage, traverse le fleuve, arrive en bondissant au milieu d'elles, et leur exprime sa joie de les retrouver.

Au mouvement qu'il cause dans le troupeau, le fidèle Médor se presse d'accourir. Bientôt, d'un massif d'azeroliers qui ombrageait une vieille masure, Estelle voit sortir un berger; c'était lui, c'était Némorin : mais il n'était reconnaissable que pour Estelle. Ses vêtemens étaient en désordre, ses cheveux tombaient sur son front, une pâleur mortelle couvrait son visage; ses joues flétries étaient sillonnées de larmes, ses yeux éteints regardaient la terre.

Il s'avançait à pas lents, quand le mouton d'Estelle vint à lui. Le berger, surpris, l'examine, et lève les yeux sur l'autre rive : il voit Estelle immobile, appuyée sur sa houlette, fixant sur lui des yeux attendris.

A cette vue, Némorin jette un cri, et se précipite vers Estelle. Estelle, par un mouvement involontaire, s'avance vers Némorin. Tous deux ne s'arrêtent que lorsque leur chaussure est baignée par les premiers flots ; alors ils baissent tristement la vue sur ce fleuve qui les sépare, se regardent sans se parler, et la bergère rompt le silence :

Vous nous avez quittés, Némorin; vous fuyez de notre village où tout le monde vous aime, où l'on croyait que vous vous plaisiez. Quel motif a pu vous rendre votre patrie odieuse? Vous est-il arrivé quelque malheur? ou voulez-vous changer d'amis?

Estelle, lui répond Némorin, si vous connaissez mon cœur, si vous avez la moindre idée du sentiment si profond et si tendre qui l'occupe tout entier, vous devez être bien certaine que ma mort suivra ce départ : mais il fallait vous voir malheureuse, ou le devenir moi-même : je ne pouvais hésiter. Hélas ! nous le sommes tous deux : je le crains et je l'espère... Pardonnez-moi ce mot, Estelle, il échappe à ma seule tendresse : le malheur n'a point d'orgueil.

Le berger raconte alors tout ce que lui avait dit Raimond, et le dessein formé par ce vieillard de conduire Estelle dans une autre patrie, si Némorin n'eût fait le serment de ne jamais repasser le fleuve. Je le tiendrai ce serment, ajouta-t-il avec force; je connais votre inflexible père; si j'osais le braver c'est vous qu'il punirait. Ah! qu'il ne doute point de mon obéissance. J'exposerais mille fois ma vie pour mon amour; mais même pour mon amour, je ne puis exposer Estelle.

La bergère à ces mots lui jette un coup-d'œil de douleur et de tendresse. Bientôt elle lui rend compte de ce qui s'est passé depuis son départ, de l'arrivée de Méril, de son hymen arrêté, du peu d'espoir qu'elle avait en sa mère : mais elle n'osa lui dire que cet hymen devait se faire dans deux jours; elle craignait de mettre au désespoir le berger.

Némorin, en l'écoutant, s'efforçait de paraître calme. Il dévorait les pleurs qui remplissaient ses yeux : il déguisait ses tourmens, de peur d'augmenter ceux d'Estelle, et affectait du courage pour en donner à son amante.

Obéissez, lui dit-il d'une voix entrecoupée, obéissez à votre père, c'est le premier des devoirs : malheur, malheur à l'amour qui rend un cœur moins vertueux! Méril est digne de votre estime; le sentiment qu'il a pour vous lui donnera des qualités nouvelles. En vivant auprès d'Estelle, il deviendra sûrement aimable. Vous l'aimerez... Oui, aimez-le... aimez-le, et soyez heureuse.... S'il faut, pour que vous le soyez, oublier entièrement Némorin, si mon souvenir peut troubler votre vie, Estelle.... Estelle.... je consens, je souhaite que vous m'oubliiez. Cet effort, vous pouvez m'en croire, ne vous coûtera jamais autant que ce mot vient de me coûter.

En disant ces paroles, Némorin se retourne brusquement, cache son visage entre ses deux mains, et gagne à pas précipités l'asile d'où il était sorti. Estelle n'ose le rappeler. La tête penchée sur son épaule, les yeux fixés sur le berger, elle demeure immobile. Némorin, parvenu près des azeroliers, ne peut s'empêcher encore de tourner ses regards vers Estelle. Il lui tend les bras, il lui crie adieu, répète deux fois cet adieu si triste, et se précipite dans la masure. La bergère demeura long-temps au même endroit; mais il ne parut plus. Décidée au seul parti qui lui restait, elle rappelle son mouton chéri, qui repasse aussitôt le fleuve, et elle reprend le chemin de Massane, en s'arrêtant à chaque pas.

Elle n'avait pas perdu de vue les arbustes qui ombrageaient la masure, quand tout à coup, au détour d'une haie, elle aperçoit un jeune homme qui vient lui présenter la main : c'était Méril. Estelle rougit; mais, voulant profiter de cet instant, elle le conduit aussitôt dans un petit bois de lentisques peu éloigné des bords du fleuve, et lui dit en tremblant ces paroles :

Pardonnez, Méril, à une jeune et timide fille qui jusqu'à ce jour a vécu libre et heureuse, d'éprouver un peu d'effroi au moment de se donner un maître. Je ne puis calmer le trouble qui remplit mon cœur; je m'adresse à vous pour le soulager. Mais, avant de vous ouvrir mon ame, comme je le dois, comme je le veux, j'ose vous supplier de me répondre avec toute votre franchise. Avez-vous pour moi de l'amour ?

Estelle, lui répond Méril, je vous aime depuis deux ans. La violence que je me suis faite pour ne le dire qu'à votre père a rendu plus forte cette passion. La certitude d'être votre époux vient de la porter à son comble : ce sentiment m'est plus cher, plus nécessaire que la vie : il ne s'éteindra qu'avec elle.

A ces mots, Estelle pâlit, et renferme au fond de son ame l'aveu qu'elle était prête à faire. Elle garda un moment le silence ; et s'efforçant de rassurer sa voix : J'estime vos vertus, dit-elle à Méril : mais, avant d'être votre épouse, je voudrais avoir eu le temps de chérir vos qualités. J'ose vous demander, j'ose attendre de vous une grace que je n'obtiendrais pas de mon père. Différez vous-même notre hymen jusqu'à son retour de Maguelonne. Mon cœur sera vivement touché de cette marque d'égard ; et, si vous connaissiez ce cœur, vous ne dédaigneriez peut-être pas de lui commander la reconnaissance.

Vous demandez, lui dit Méril, un douloureux sacrifice ; mais, puisque vous le souhaitez, il devient, il est nécessaire. Je vais parler à Raimond, je vais m'efforcer d'obtenir de lui ce qui ne doit coûter qu'à moi. J'ignore le motif de votre demande. Puisque c'est le secret d'Estelle, il est sûrement respectable. Adieu, comptez sur ma parole. Quand on ignore l'art de plaire, il faut du moins savoir obéir.

Méril la quitte aussitôt. Estelle demeure touchée de ses dernières paroles. Le fils de Maurice lui inspire un sentiment de pitié ; mais Némorin, le seul Némorin pouvait lui inspirer de l'amour.

Tandis qu'elle employait les derniers efforts pour se conserver à lui, ce malheureux berger, en proie aux souvenirs cruels, aux réflexions accablantes, sans ami, sans consolateur, s'étonnait que sa vertu ne pût calmer ses chagrins cuisans. Sûr d'avoir rempli son devoir, il s'indignait contre lui-même de ne point éprouver de soulagement. Revenu sur le bord du fleuve, il ne pouvait détacher ses yeux de la place qu'Estelle avait quittée. Assis sur un quartier de roc, regrettant son bonheur passé, calculant les longues années de son douloureux avenir, il se mit à chanter ces paroles :

C'en est fait, je succombe, ô fortune inhumaine!
J'ai perdu tout espoir de jamais te fléchir.
Hâte au moins mon trépas; quel barbare plaisir
  Trouves-tu dans l'horrible peine
Qui, sans donner la mort, fait si long-temps souffrir?

Est-ce donc là le prix de cette flamme pure
Dont l'austère vertu n'eût jamais à rougir?
Et toi, que j'ai servi jusqu'au dernier soupir,
  Amour, ame de la nature,
J'ai vécu pour toi seul, et tu me fais mourir!

Contre tant de tourmens je n'ai plus qu'un asile.
Comme moi, sans soutien, j'ai vu le faible ormeau
Agité par les vents, déraciné par l'eau,
  Tomber : alors il est tranquille;
J'espère l'être aussi dans la nuit du tombeau.

Némorin cessa de chanter. Une mélancolie profonde s'empara de lui. Fixe, immobile, il regardait l'eau s'écouler avec des yeux mornes et farouches. Il se sentait le plus violent désir de se précipiter dans les flots; et trois fois il saisit avec force la pierre sur laquelle il était assis, pour ne pas succomber à cette horrible tentation. Enfin, jugeant que ce lieu n'était propre qu'à augmenter son désespoir, il court rassembler son troupeau, se met aussitôt en marche, et, laissant Ners à sa droite, dirige ses pas vers les montagnes de Vezenobre.

Arrivé près des bois de Meigron, il voit paraître un enfant de treize ans qui vient, avec des yeux baignés de larmes, lui demander d'une voix lamentable de le sauver d'un grand malheur. Je gardais, lui dit-il, le troupeau de mon père; mon chien dormait : eh! le chien d'un berger de mon âge ne devrait jamais dormir! un loup terrible, sorti du bois, m'a pris mon plus bel agneau, qui s'était un peu éloigné de sa mère. Le loup s'est enfui en l'emportant. La pauvre brebis s'est mise à courir après son agneau : elle va périr avec lui, si vous ne venez pas à son secours; car je ne suis pas assez grand pour tuer un loup, mais je le suis assez pour aimer ceux qui me rendent service.

Némorin, touché de ces paroles, de la grace, des pleurs de l'enfant ; Némorin, dont le malheur augmente encore la sensibilité naturelle, saisit un fer de lance qu'il portait dans sa panetière, et qui s'adaptait à sa houlette : il appelle Médor ; et, guidé par l'enfant, vole, s'enfonce dans le bois.

Némorin, l'enfant, Médor, courent sans reprendre haleine; ils n'aperçoivent ni loup ni brebis. L'enfant, qui excitait toujours le berger, le conduit par des détours jusqu'à une petite colline d'où l'on découvrait la plaine du Gardon et le village de Massane.

A cet aspect, Némorin s'arrête; il éprouve un

transport de joie, comme s'il revoyait sa patrie après une longue absence; les regards fixés sur Massane, le cœur palpitant d'amour, il cherche la maison d'Estelle, il la distingue, et ses yeux se remplissent de douces larmes. Il éprouve ce qu'il n'espérait plus, une émotion presque agréable. Heureux sur cette colline, il forme le projet de s'y établir, d'y bâtir une cabane. O combien les amans sont insensés! combien les malheureux s'abusent! Ce même Némorin, qui fuyait la presqu'île de Ners parce qu'Estelle y était venue, veut demeurer sur la montagne d'où il pourra voir tous les jours sa maison.

Après s'être rassasié de cette vue si chère, le berger se rappelle l'enfant, et se reproche de l'avoir oublié. Décidé à lui donner une de ses brebis pour remplacer celle qu'il a perdue, il le cherche, il l'appelle en vain. Egaré lui-même, il ne savait plus comment rejoindre son propre troupeau, lorsqu'il entend un bruit de sonnette, et reconnaît bientôt ses moutons conduits par l'enfant dont il était en peine.

Rassurez-vous, lui dit cet enfant; tandis que vous étiez ici, votre chien sauvait ma brebis; alors je me suis occupé de vous ramener les vôtres. Les voici : adieu, beau berger; la nuit est proche, il est temps que vous cherchiez une retraite. Notre ferme est trop loin pour vous l'offrir; mais au bas de cette colline vous trouverez le bon Rémistan, qui vous donnera l'hospitalité, et vous rendra tout le bien que vous avez voulu me faire.

En disant ces mots, l'enfant le prend par la main, le fait avancer quelques pas vers l'autre côté de la colline, lui montre le vallon de Rémistan, et disparait comme un éclair.

Némorin jette les yeux sur ce vallon, et demeure enchanté de cette vue. Dans un espace d'un mille carré environné par des montagnes, il découvre une prairie coupée par plusieurs bouquets d'ormes et de sycomores. Une cascade bruyante s'y précipitait du haut d'un rocher, et devenait un ruisseau limpide. Sur ses bords, un petit verger planté des arbres les plus fertiles était fermé par une haie vive d'épine-vinette et de cognassiers. Plus loin, le ruisseau formait un étang au milieu duquel s'élevait une cabane ombragée de saules. De grosses pierres posées dans l'eau à peu de distance les unes des autres étaient le seul chemin pour y arriver. Un troupeau de moutons paissait au bord de l'étang, et un vieux berger couché sur l'herbe accompagnait avec sa flûte les linottes et les fauvettes.

Némorin descend dans le vallon, traverse la prairie, passe le ruisseau, et s'avance vers le vieux berger. Il était déjà près de lui, lorsqu'il le voit quitter sa flûte et se préparer à chanter. Alors Némorin s'arrête pour écouter ces paroles :

> Dans cette aimable solitude,
> Sous l'ombrage de ces ormeaux,
> Exempts de soins, d'inquiétude,
> Mes jours s'écoulent en repos.
> Jouissant enfin de moi-même,
> Ne formant plus de vains désirs,
> J'éprouve que le bien suprême
> C'est la paix, et non les plaisirs.
>
> Ici rien ne manque à ma vie :
> Mes fruits sont doux, mon lait est pur ;
> Sous mes pieds la terre est fleurie ;
> Le ciel, sur ma tête, est d'azur.
> Si quelquefois un noir orage
> Me cause un moment de frayeur,
> Elle passe avec le nuage ;
> L'arc-en-ciel me rend mon bonheur.
>
> Dans le monde, où tout l'inquiète,
> L'homme est en proie à la douleur ;
> A peine est-il dans la retraite
> Que le calme naît dans son cœur.
> De même cette onde en furie
> Court dans ces rocs en bouillonnant,
> Dès qu'elle arrive à ma prairie,
> Elle serpente doucement.

Némorin, après avoir entendu le chant du vieux berger, s'approche de lui, le salue, et lui demande l'hospitalité. Rémistan lui fait accueil, lui offre tout ce qu'il possède, et l'invite à le suivre dans sa cabane pour lui présenter du lait et des fruits.

L'amant d'Estelle, conduit par son hôte, passe avec lui sur les pierres de l'étang. Il arrive dans la petite ile, où tout ce qu'il voit charme ses yeux. La cabane était bâtie sur un tertre couvert d'arbustes. Des ruches posées à l'entrée étaient environnées de jasmin, de rosiers, d'acacias, qui nourrissaient les abeilles et embellissaient leur demeure. L'intérieur était une grotte tapissée d'une vigne sauvage. Du milieu des pampres jaillissait une source qui tombait près d'un lit de feuilles, s'échappait en murmurant dans un petit canal de mousse, et s'allait jeter dans l'étang. Plusieurs ouvertures pratiquées dans le roc renfermaient de grands vases remplis de lait; d'autres, moins hautes, étaient pleines de fruits rangés dans des corbeilles. Plus loin étaient rassemblés les outils de la culture, les remèdes des brebis malades, les diverses graines du jardinage, tout ce qui est nécessaire à l'homme pour obtenir de la nature les biens qu'elle peut donner.

Que votre sort est digne d'envie! dit Némorin au vieux berger; vous coulez dans cette solitude des jours innocens et paisibles. Vous n'avez point à souffrir les injustices, les cruautés de vos semblables. Vous possédez les vrais biens; et l'amour, le redoutable amour, ne trouble point votre parfait bonheur.

Mon fils, lui répond le vieillard, sois sûr qu'aucun mortel sur la terre ne jouit de ce bonheur parfait. Celui dont le destin semble le plus doux a toujours des peines secrètes. Moi-même, qui remercie chaque matin l'Être suprême des dons qu'il m'a faits, je mêle quelquefois des larmes à cette source d'eau vive ; je gémis... Ah ! s'écria Némorin, vous avez donc aussi perdu votre maîtresse ? A ces mots, qui lui échappent, le vieillard, en souriant, découvre sa tête chauve : Regarde, mon fils, lui dit-il, regarde ces cheveux blancs. Mon âge, qui cause tant d'autres maux, préserve au moins de ceux de l'amour. Je ne pleure plus ma maîtresse, mais je regrette ma patrie : ce sentiment ne s'éteint jamais.

Je suis né sur les bords de l'Isère. Soldat au sortir de l'enfance, j'ai passé mes belles années dans les camps du roi Charles VIII. J'ai fait les campagnes de Naples avec ce brave chevalier, l'honneur du Dauphiné, la gloire de la France, ce Bayard dont les vertus ont plus illustré nos armes que toutes nos victoires en Italie. Libre à la paix, je fus retenu par l'amour dans cette belle contrée. J'aimai long-temps une bergère de Massane... De Massane ? dit Némorin. — Oui, mon fils, et j'en fus aimé; mais ses parens la forcèrent de donner sa main à un autre époux. Résolu de la fuir, pour ne pas ajouter à ses maux, je vins cacher mon désespoir dans cette retraite écartée. Ici, accablé de douleur, mais du moins exempt de reproches, j'employai pour me guérir les secours que le ciel nous donne : la raison, le travail, le temps. Je défrichai ce vallon, je détournai ce ruisseau qui vivifie ma prairie; mes mains embellirent cette grotte, je plantai ces arbres que tu vois chargés de fruits; et ce troupeau qui rumine là-bas à l'ombre de ces peupliers vient tout entier de deux agneaux que m'avait donnés ma bergère.

Plus je m'occupai, moins je souffris. Je sus bientôt que ma maîtresse était heureuse avec son époux; j'en bénis Dieu, et je regardai ce bonheur comme la récompense d'avoir fait mon devoir. Peu à peu le calme revint dans mon ame; il ne me resta plus de mon ancienne passion qu'un souvenir doux, qui avait du charme, me rendait plus chère ma solitude, et m'attachait à la vie, en me faisant jouir du premier des biens, de l'estime de moi-même. Tranquille dans ce vallon, où j'ai tout créé, où j'ai tout vu naître, rien ne manquerait à ma félicité, sans un désir qui la trouble sans cesse.

Je suis vieux, j'approche du terme; je voudrais, avant d'y parvenir, revoir encore mon village, les champs où je fus élevé, la maison qu'habitait ma mère. Je ne l'y trouverais plus; mais j'irais pleurer sur sa tombe, mais je reconnaîtrais la place où, enfant, je la voyais filer. Ce besoin pressant de mon cœur se fait sentir tous les jours davantage, sans que je puisse espérer de le voir jamais satisfait. Seul, sans parent, sans ami, comment abandonner mon troupeau, ma cabane, tous mes biens? Comment m'exposer à perdre dans un moment ce qui m'a tant coûté d'années? Qui prendrait soin de mon verger, de mes brebis, pendant mon absence? Quel serait l'aimable pasteur qui s'en chargerait jusqu'à mon retour?

Mon père, répond Némorin, je croyais mon ame fermée au plaisir; mais celui de vous écouter, et l'espoir de vous être utile, viennent de la ranimer. Je garderai vos brebis, vos ruches, votre cabane, pendant le temps que vous irez revoir encore votre patrie. J'ai aussi un troupeau; dans ce moment il est dispersé sur cette haute montagne. Permettez-moi de le faire entrer dans ce vallon, de le mêler avec le vôtre. Mes soins et ma tendresse les confondront. A votre retour, vous me rendrez le mien, et le bonheur dont vous aurez joui ne m'aura que trop payé d'un aussi faible service.

Ah! j'y consens, reprend le vieux pasteur; mais j'exige un serment de toi. Jure-moi, par ce que tu chéris le plus, que tu ne quitteras pas ce vallon avant que je sois revenu; et si je reste plus de deux ans, si la mort me surprend dans ma longue route, honore-moi en acceptant cette grotte, ce troupeau, ce vallon que j'ai cultivé dans l'espoir de le laisser à un berger vertueux. Je t'ai trouvé : sois mon héritier.

Némorin voulut s'opposer à la volonté du vieillard ; sa résistance fut vaine. Rémistan, avec la pointe de son couteau, grava sur un morceau d'écorce la donation faite à Némorin. Ce berger, à son tour, lui jura, par la bergère qu'il adorait et qu'il ne voulut pas nommer, de ne point quitter le vallon avant les deux ans expirés. Cependant, ajouta-t-il, je demande qu'il me soit permis de monter tous les jours sur cette montagne. Rémistan eut de la peine à l'accorder; mais à la fin il céda, et courut chercher à l'instant le troupeau de son jeune ami.

Tous deux le firent entrer dans le vallon ; ensuite le bon vieillard établit Némorin dans la grotte. Il l'instruisit des principaux secrets qu'une longue expérience lui avait appris sur le soin des brebis, sur la culture des arbres. Il y joignit des conseils pour le bonheur, ou du moins pour le repos de la vie; et, sans lui faire aucune question indiscrète, sans avoir l'air de pénétrer la cause de sa douleur, il sut mêler dans tous ses discours les consolations les plus propres aux maux qu'il lui voyait souffrir.

Après avoir ainsi passé une partie de la nuit, le solitaire et le berger se couchèrent sur le même lit de feuilles. La fatigue du jour précédent endormit Némorin. Alors Rémistan se leva, sortit de la grotte avec précaution; et, sans attendre l'aube du matin, il se mit en marche à l'heure même.

FIN DU SECOND LIVRE.

LIVRE TROISIÈME.

Le véritable amour ne peut exister sans l'estime ; mais l'estime la plus parfaite ne suffit pas pour l'amour, cette passion si douce et si violente, source de plaisirs et de peines, de tourmens et de délices, cette flamme qui consume et fait vivre, ne s'allume jamais qu'une fois. Les ames pures savent l'immoler à la vertu, et donner ensuite au devoir tout ce qui dépend encore d'elles. Mais cet attrait, ce charme irrésistible, cet élan rapide de toutes les pensées, de tous les sentimens vers un seul objet ; ces craintes terribles, ces vives espérances, et ces profondes douleurs pour un regard de colère, et ces ravissemens inexprimables pour un serrement de main, on ne les éprouve plus ; ils sont passés avec le premier amour. Le cœur n'en est plus susceptible ; c'est le lis coupé sur sa tige, la plante vit encore, mais ne produit plus de fleurs.

Il n'était pas au pouvoir d'Estelle d'avoir de l'amour pour Méril. Elle n'en rendait pas moins justice à ses qualités. Certaine que l'estimable jeune homme tiendrait la promesse qu'il lui avait faite, elle craignait que son père ne voulût pas consentir à différer son hymen. Pour donner le temps au fils de Maurice de persuader Raimond, elle passa tout le jour dans la vallée avec Rose, et ne ramena que tard son troupeau. Un tremblement la saisit en rentrant dans sa maison. Méril l'attendait à la porte : Rassurez-vous, lui dit-il, j'ai travaillé contre moi. Il n'eut que le temps de prononcer ces paroles, Marguerite et Raimond parurent.

Estelle, dit le vieillard, j'avais résolu de vous unir à Méril avant d'aller à Maguelonne, où j'ai à m'acquitter d'une dette avec un berger des rives du Lez. Votre époux, qui ne veut pas être aimé par devoir, demande le temps de vous plaire. Je partirai donc avant ce mariage : pendant les deux semaines que durera mon absence, Méril demeurera chez Prosper, vous verra tous les jours, et se fera sans doute aimer. Dès le lendemain de mon retour, votre hymen s'achèvera, sans qu'aucun prétexte, ma fille, puisse reculer un moment qui sera le plus beau de ma vie.

Tandis que Raimond parlait, Estelle regardait sa mère, et lisait dans ses yeux attendris qu'elle partageait tous ses sentimens. Méril prit la main d'Estelle, et la serrant doucement, lui dit d'une voix tremblante : Quinze jours suffiront-ils pour obtenir dans votre cœur la place que je voudrais y occuper? Hélas! lui répondit Estelle, dès aujourd'hui la reconnaissance vous la donne dans mon estime. Raimond entendit ces mots, se retourna vers sa fille, et l'embrassa. Cette caresse, à laquelle Estelle n'était point accoutumée, lui fit verser des larmes de joie; elle osa même presser son père contre son sein. Le vieillard, qui sentit les pleurs d'Estelle baigner sa chevelure blanche, l'embrasse une seconde fois; et, détournant la tête pour cacher son émotion, il lui dit : Ma fille, je suis content.

Pendant le reste de la soirée, Méril, sans perdre de vue Estelle, ne l'importuna point de son amour. Raimond lui marqua plus de tendresse, plus de confiance, et lui rendit compte des vignes, des oliviers, des troupeaux qu'il lui donnait pour sa dot. Il conseillait à Méril de vendre ses biens de Lézan, et de venir s'établir à Massane, afin, disait-il, de ne pas vivre un jour seul loin de sa fille chérie. Marguerite l'écoutait avec transport; Méril consentait à tout : la pauvre Estelle, le cœur gonflé de soupirs, s'efforçait de remercier son père et de sourire à son époux.

Le lendemain, avant l'aurore, Estelle et sa mère préparaient tout pour le voyage de Raimond. Marguerite avait cousu dès la veille, dans une ceinture de peau, les pièces d'or que Raimond devait porter à Maguelonne. Estelle avait rempli de provisions un sac de cuir, que deux bergers attachèrent sur la mule du maître. Méril les aidait, en regrettant de ne pas suivre le vieillard. Mon fils, lui dit Raimond, je te laisse avec ta femme et ta mère. C'est en restant auprès d'elles que tu m'es le plus utile; c'est en vous aimant réciproquement que vous me prouverez si vous m'aimez.

En prononçant ces mots il monte sur sa mule; et, sans vouloir qu'aucun de ses valets l'accompagne, il prend la route de Maguelonne.

Méril le suivit des yeux aussi long-temps qu'il put le voir. Ensuite, se retournant vers Marguerite et vers Estelle : J'ai perdu mon protecteur, leur dit-il; à présent qu'il est parti, personne ne m'aimera. Estelle et sa mère furent touchées de l'air sensible dont il dit ces paroles. Marguerite le rassura. Méril osa demander à Estelle la permission de la suivre quelquefois à la vallée; elle ne put la lui refuser.

Depuis ce moment l'amoureux Méril, sans fatiguer Estelle de ses assiduités, employa près d'elle ces soins délicats qui gagnent toujours un cœur tendre lorsque ce cœur ne s'est pas donné. Trop clairvoyant pour ne pas s'apercevoir qu'un chagrin profond dévorait Estelle, il cherchait à l'en distraire, sans chercher à le pénétrer. Chaque jour une fête nouvelle avait Estelle pour objet; chaque jour une douce surprise la forçait à la reconnaissance. Si la bergère parlait d'un site qui lui semblait agréable, le lendemain elle y trouvait une cabane qui portait son nom. Si de beaux agneaux attiraient d'elle un éloge, le soir les agneaux étaient dans sa bergerie. Méril prodiguait son or pour augmenter, pour embellir les champs, les possessions d'Estelle. Il s'efforça même d'acquérir les talens qu'elle aimait, et parvint à composer cette chanson, qu'il alla graver sur un hêtre :

>J'aime, et je ne puis exprimer
>Mes vœux, mon respect, ma tendresse;
>Je ne puis chanter la maîtresse
>Qu'il m'est si facile d'aimer.

>Si je dis qu'elle est la plus belle
>Des bergères de ce hameau,
>Je n'aurai dit rien de nouveau;
>Ce n'est un secret que pour elle.

>Si je parle de ses vertus,
>Amis, parens, tout le village,
>En ont parlé bien davantage,
>Et les malheureux encor plus.

>Si, plus hardi, j'ose entreprendre
>De lui dépeindre mes tourmens,
>Mon cœur abonde en sentimens;
>Mais mon esprit ne peut les rendre.

Taisons-nous, craignons d'offenser
La beauté pour qui je soupire,
Et cessons de si mal lui dire
Ce que je sais si bien penser.

C'étaient les premiers vers qu'avait faits Méril. Estelle les lut, et sourit ; Méril se crut le plus heureux des hommes.

Il se trompait : la constante bergère n'était occupée que de Némorin. Tous les jours, avec son amie, elle conduisait son troupeau du côté de Ners. Dès qu'elle arrivait au pont, elle s'arrêtait, s'asseyait au bord du fleuve, et Rose allait sur l'autre rive s'informer du pasteur exilé. Rose revenait quelques heures après ; son air triste annonçait de loin l'inutilité de sa course. Alors la bergère pleurait, alors elle s'imaginait que Némorin s'était précipité dans le fleuve. Tous les efforts, toutes les consolations de Rose ne pouvaient éloigner cette idée. L'approche du funeste hymen mettait le comble aux tourmens d'Estelle. Toute espérance était perdue ; Raimond devait revenir le lendemain.

Ce jour, qu'Estelle croyait être le dernier de sa liberté, elle se leva dès l'aurore, alla chercher son amie ; et gagnant toutes deux la vallée : Ma chère Rose, lui dit-elle, demain il ne me sera plus permis de m'occuper de Némorin ; demain je ne pourrai plus prononcer ce nom chéri : profitons du moins, mon aimable amie, des derniers momens qui me restent. J'ai commencé plus tôt la journée pour te parler de lui plus long-temps. Viens avec moi là-bas, vers ces deux aliziers qui ombragent cette fontaine couverte d'iris et d'adiante. C'est là que, pour la première fois après la défense de mon père, il osa venir m'aborder ; c'est là..... Je ne veux te le dire que lorsque je serai à la même place.

Alors elles marchèrent vers la fontaine en gardant toutes deux le silence. Dès qu'elles y furent arrivées, Estelle reprit avec un soupir :

Nous étions bien jeunes encore : c'était peu de temps après sa victoire sur Hélion. Tiens, ma Rose, j'étais assise là, appuyée contre cet arbre. Je filais ma quenouille, et je pensais à lui. Mon fil s'était cassé, mon fuseau était par terre, je ne songeais pas à le ramasser. Tout à coup je le vois paraître.... Il venait par-là.... Il portait à deux mains son chapeau, dans lequel était un nid de fauvettes. En m'abordant, il se mit à genoux, me présenta le nid, et chanta une chanson que je n'ai jamais oubliée. Écoute-la, je veux te la dire. Je pleurerai peut-être en la chantant ; mais ces larmes ne font pas de mal : d'ailleurs n'ai-je pas besoin de m'accoutumer aux larmes ?

A ces mots, la bergère embrassa Rose, la tint un moment serrée contre son sein ; puis s'efforçant de

Estella P. 71.

retrouver sa voix : Mets-toi là, dit-elle; c'est là qu'il était, et voici ce qu'il me chanta :

Ce matin, dans une bruyère,
J'allais dénicher ces oiseaux,
Quand un vieux berger en colère
Est venu me dire ces mots :
Méchant, ton adresse cruelle
Mériterait qu'on la punît.
J'ai répondu : C'est pour Estelle;
Le vieux berger plus rien n'a dit.

Des petits la mère tremblante
Me suit dans le bois, dans les champs,
Elle crie, elle se lamente,
Et me demande ses enfans :
Rends-les moi, rends-les moi, dit-elle;
De mes amours c'est le doux fruit.
J'ai répondu : C'est pour Estelle;
La fauvette plus rien n'a dit.

Heureux oiseaux, à ma bergère,
Dans vos chants, peignez mon ardeur;
Hélas! une loi trop sévère
M'interdit un si doux bonheur.
Némorin, timide et fidèle,
Craint Raimond, se cache et gémit;
Son cœur parle toujours d'Estelle,
Mais sa bouche plus rien ne dit.

En s'entretenant ainsi, les deux bergères passèrent la journée à la fontaine des aliziers. Le discret Méril, respectant leur solitude, n'osa venir les troubler. Le soir elles regagnèrent de bonne heure la maison, comptant que Raimond était de retour.

Il n'était point arrivé. Marguerite veilla toute la nuit en attendant son époux. Le soleil se leva sans que Raimond parût, il se coucha sans qu'on le revît. Marguerite versait déjà des larmes; Méril parlait d'aller à sa rencontre; Estelle, inquiète pour l'auteur de ses jours, oubliait son funeste hymen pour souhaiter le retour de son père.

Après trois jours d'une inutile attente, Méril, impatient, veut aller à Maguelonne. Il s'arme d'un bâton ferré, se fait suivre d'un de ses valets, dit adieu à Marguerite, à sa fille, et promet de ne revenir qu'avec Raimond.

Il part. La triste Marguerite reste avec Estelle et l'aimable Rose. Tous les soirs, la mère et ses deux filles (c'est ainsi qu'elle les appelait) vont attendre Raimond sur la route. Chaque jour elles avancent plus loin; et, quand la nuit couvre la terre, elles reviennent fatiguées, mais ne se livrent au sommeil qu'après avoir adressé une fervente prière à Dieu pour qu'il veille sur les voyageurs.

Au moment de cette pieuse occupation, elles entendent aboyer les chiens; Estelle se précipite à la porte : c'était le valet de Méril. Il était seul, et portait une lettre. Il la présente d'un air qui glace d'effroi la mère et la fille. Marguerite tremble en rompant le cachet. Estelle et Rose l'écoutent ; elle lit ce fatal billet :

MÉRIL A MARGUERITE.

« Préparez toutes les forces de votre ame : je viens
« la frapper du plus rude coup.

« La guerre s'est rallumée entre le roi d'Aragon et
« notre bon roi. Des pirates catalans sont venus sur-
« prendre Maguelonne. Ils ont égorgé les habitans,
« pillé, embrasé les maisons ; et, remontant sur leurs
« vaisseaux à l'approche de nos communes, ils n'ont
« laissé que des cendres. Mon malheureux ami était
« dans la ville la nuit de cet affreux carnage. Le peu
« de citoyens échappés aux ennemis est revenu depuis
« leur départ. Raimond n'a point reparu. J'ai cherché,
« j'ai demandé partout Raimond. Je n'ai plus d'es-
« poir de le retrouver. Tous les morts étaient in-
« humés quand je suis arrivé à Maguelonne.... Que
« ne le suis-je moi-même auprès du corps de mon
« ami !

« Adieu, sage Marguerite ; songez qu'il vous reste
« une fille pour laquelle il faut que vous viviez. Il ne
« me reste rien à moi : aussi je vais dans un désert ; je

« vais attendre, loin de vous, que la mort me re-
« joigne à Raimond. C'est le seul moyen qu'ait mon
« cœur de ne plus fatiguer de sa constance celle à qui
« je n'ose dire adieu. »

Marguerite s'évanouit à la lecture de cette lettre. Estelle, fondant en larmes, s'empressait de la rendre à la vie ; Rose les secourait toutes deux. Enfin Marguerite reprit ses sens ; mais les pleurs ne la soulageaient point encore. Sa douleur profonde et muette ne pouvait pas si tôt s'exhaler. Après un long et morne silence, elle fit demander l'envoyé de Méril pour l'interroger elle-même sur les détails de son malheur. Cet envoyé n'était plus à Massane : son maître lui avait ordonné d'aller sur-le-champ à Lézan vendre ce qui lui restait de bien. Méril, décidé à ne plus revoir sa patrie, voulait aller finir ses jours dans une terre étrangère.

L'inconsolable Marguerite pensa mourir de sa douleur. Estelle lui prodigua ces soins si doux pour les ames sensibles, et qu'elles seules savent rendre. Sans lui parler de consolations, elle avait l'art de lui en offrir. Au désespoir elle-même d'avoir perdu l'auteur de ses jours, en mêlant ses larmes à celles de sa mère elle finissait par les essuyer. Tout ce que la tendresse la plus délicate peut imaginer, peut mettre en usage, fut employé par Estelle. Le ciel la récompensa en lui conservant sa mère; mais jusqu'au jour où elle fut certaine d'avoir ramené un peu de calme dans cette ame déchirée, la vertueuse bergère s'interdit de songer à Némorin.

Après deux mois donnés à ces soins pieux, Estelle permit à son cœur de s'occuper de son amour. Rien ne pouvait plus le contraindre. Méril, en s'expatriant, avait renoncé lui-même à ses droits. Marguerite était loin d'apporter des obstacles à une félicité qui seule pouvait soulager ses maux. L'aurore d'un heureux avenir commençait à luire aux yeux de la bergère; il ne fallait plus que retrouver celui qu'elle aimait.

Marguerite fut la première à lui en parler; Estelle rougit et l'embrassa. La bonne mère aussitôt envoya ses serviteurs sur les traces de Némorin. Estelle et Rose le cherchèrent dans les montagnes de Lédignan, dans les bois de Saint-Nazaire; elles vinrent même jusqu'au vallon de Florian, s'approchèrent des bords du Vidourle, et firent retentir du nom de Némorin les roches désertes de Couta. Toutes leurs courses furent vaines, nulle part on n'avait vu le berger. Les deux amies revenaient chaque soir plus affligées près de la bonne Marguerite, qui les consolait à son tour.

Un jour qu'Estelle et sa fidèle Rose s'étaient égarées du côté de Cardet, et que, fatiguées d'une longue marche, elles s'étaient assises sous un térébinthe, Estelle, en regardant de loin les cabanes du hameau, commença cette chanson :

Ah! s'il est dans votre village
Un berger sensible et charmant,
Qu'on chérisse au premier moment,
Qu'on aime ensuite davantage,
C'est mon ami : rendez-le moi,
J'ai son amour, il a ma foi.

Si, par sa voix tendre et plaintive,
Il charme l'écho de vos bois;
Si les accens de son hautbois
Rendent la bergère attentive,
C'est encor lui, rendez-le moi,
J'ai son amour, il a ma foi.

Si, même en n'osant rien vous dire,
Son seul regard sait attendrir;
Si, sans jamais faire rougir,
Sa gaieté fait toujours sourire;
C'est encor lui : rendez-le moi;
J'ai son amour, il a ma foi.

Si, passant près de sa chaumière,
Le pauvre, en voyant son troupeau,
Ose demander un agneau,
Et qu'il obtienne encor la mère;

LIVRE III.

Oh! c'est bien lui, rendez-le moi,
J'ai son amour, il a ma foi (1).

(1) Voici la chanson d'Estelle, dans la langue que parlait cette bergère:

> Aï! s'avé din vostre villagé
> Un jouïn' é téndre pastourel,
> Qué vous gagn' au premié cop d'icl,
> E pieï qu'à toujour vous éngagé;
> Es moun ami: rendé lou mé;
> Aï soun amour, el a ma fé.
>
> Sé sa voix pléntiv' é doucéto
> Faï soupira l'éco d'aôu boï,
> É sé lou soun de soun aoûboï
> Faï soungea la pastoureléto;
> Es moun ami: rendé lou mé,
> Aï soun amour, el a ma fé.
>
> Sé, quan n'aouso pas ren vous diré,
> Sa guignado vous atténdris;
> Pieï, quan sa bouqueto vous ris,
> Sé vous déraub' un dous souriré;
> Es moun ami: rendé lou mé;
> Aï soun amour, el a ma fé.
>
> Quan lou paôuret s'én vén pécaïre,
> En roudan proucho soun troupel,
> Li diré: Baïla m'un agnel,
> Sé li lou baïl' embé la maïre;
> Aï qu'es ben el! rendé lou mé;
> Aï soun amour, el a ma fé.

Estelle n'avait pas fini sa chanson, lorsqu'un enfant de treize ans, qui l'écoutait sans être vu d'elle, sort d'un bosquet peu éloigné, et lui dit d'une voix émue : Je le connais celui que vous cherchez; suivez-moi, je vais vous rendre Némorin.

La bergère, à ce nom, ne peut retenir un cri de joie; elle serre la main de Rose, remercie l'enfant le plus doucement qu'il lui est possible, et toutes deux suivent le jeune guide.

Hilaric, c'était le nom de l'enfant, les conduit vers les bords du fleuve, détache une barque qu'un lien d'osier retenait, y fait entrer les deux bergères, saisit l'aviron, et les passe de l'autre côté.

Rose avait peur, Estelle la rassurait. L'enfant marche avec elles vers les bois de Maigron : elles font plusieurs détours, montent, descendent quelques collines, et trouvent enfin un sentier étroit qui les conduit au vallon de Rémistan; lieu charmant, mais lieu d'exil, où le fidèle Némorin passait les nuits à pleurer sa maîtresse, et les jours sur la montagne à regarder de loin sa maison!

Les derniers rayons du soleil n'éclairaient plus que le sommet des coteaux lorsque Hilaric et les deux bergères arrivèrent dans cette vallée. Estelle promène des regards inquiets sur la cabane, sur le verger, sur les bords du tranquille étang : elle ne voit point Némorin; mais elle aperçoit de loin son troupeau, et reconnaît le fidèle Médor. A cette vue, des larmes de joie coulent de ses yeux, son cœur palpite avec tant de vitesse, qu'elle est obligée de s'arrêter et de s'appuyer contre un peuplier. Des caractères étaient tracés sur l'écorce; Estelle lit ces paroles :

>Arbre charmant qui me rappelle
>Ceux où ma main grava son nom ;
>Ruisseau limpide; beau vallon,
>En vous voyant je cherche Estelle.
>O souvenir cruel et doux !
>Laissez-moi; que me voulez-vous?

>Si quelquefois, sous cet ombrage,
>Mes yeux succombent au sommeil,
>Je la vois; mais l'affreux réveil
>M'enlève une si chère image.
>O souvenir cruel et doux !
>Laissez-moi; que me voulez-vous?

>Insensé! quel est mon délire!
>Je ne vis que par mes regrets.
>Ah! si je les perdais jamais,
>Que mon cœur serait prompt à dire :
>O souvenir cruel et doux !
>Revenez ; pourquoi fuyez-vous?

Estelle essuyait ses yeux pour recommencer à lire ces vers, lorsque Hilaric découvre Némorin qui descendait la montagne par le même chemin où ils étaient arrêtés. Estelle s'enfonce aussitôt dans un massif de coudriers; Rose et l'enfant se cachent avec elle; et la bergère tremblante observe d'un œil humide tous les mouvemens du berger.

Il descendait en silence, la tête baissée, tenant dans ses mains un ruban vert qu'Estelle lui avait autrefois donné. Il s'arrêtait d'espace en espace, regardait ce ruban, le baisait, et continuait son chemin. Quand il fut arrivé près du lieu où les bergères étaient cachées, il fixa long-temps ce ruban, et tout à coup détournant la tête : Pourquoi chercher, s'écria-t-il, à augmenter mes maux par le souvenir d'un bonheur passé? Pourquoi conserver encore les gages cruels d'un amour qui jamais ne doit être heureux? Je ne veux plus te voir, fatal ruban, dont la couleur m'a trompé : va loin de moi, va pour toujours avec mes fausses espérances.

A ces mots il jette le ruban, et il paraît plus tranquille; mais le souffle du zéphyr emportant le ruban vers les coudriers, Némorin s'élance pour le reprendre; Estelle, plus prompte, le saisit, et le présentant au berger : Il ne vous a pas trompé, dit-elle, puisque Estelle vous aime toujours.

Némorin, interdit, n'en peut croire ses yeux : il

demeure sans mouvement. Tout à coup il jette un grand cri, tombe à genoux, et tend les bras vers Estelle.

La bergère, serrant sa main, le relève avec un doux sourire. Oui, lui dit-elle, c'est moi, nous n'avons plus de maux à craindre. Levez-vous, Némorin, levez-vous, notre bonheur va commencer.

Rose accourt avec Hilaric. Rose confirme au pasteur l'assurance d'une félicité qu'il regarde encore comme un songe; et lorsque l'heureux Némorin est enfin en état de les entendre, toutes deux le mènent au pied du peuplier, où il s'assied au milieu d'elles.

C'est là que Estelle lui raconte les événemens qui se sont passés. Elle donne de nouveaux pleurs à la mémoire de son père, et Némorin n'a pas besoin de réflexion pour repousser loin de son cœur le moindre sentiment d'une joie qui aurait offensé sa bergère.

Dès qu'elle a fini son récit, Rose veut qu'à l'instant même le pasteur revienne à Massane. Némorin baisse les yeux, et les relevant tristement vers Estelle : Mon bienfaiteur, lui dit-il, le vénérable Rémistan m'a fait jurer de l'attendre ici. Ce bon Rémistan m'a comblé de biens, lorsque, forcé de renoncer à vous, il ne me restait rien sur la terre. Dois-je manquer à mon ami? Dois-je violer un serment consacré par le nom d'Estelle?

Estelle, affligée et surprise, n'ose prescrire à Némorin de manquer à sa promesse. Rose cherchait des raisons, quand Hilaric souriant : C'est de moi, dit-il, de moi seul que dépend votre bonheur. Ecoutez, et rendez-moi grace.

Il y a trois mois à peu près que j'étais sur cette colline, prenant des oiseaux au filet, quand le vieux Raimond, votre père, vint me prier de le conduire au vallon de Rémistan. Je quittai mes appeaux; je guidai le vieillard, non sans remarquer pendant le chemin qu'il était triste et rêveur. Nous trouvâmes le bon Rémistan tressant des corbeilles d'osier à cette place où nous sommes. Raimond, après l'avoir salué, me demanda de les laisser seuls. Ce mot éveilla ma curiosité; et, faisant semblant de m'éloigner d'eux, je revins, pour les entendre, me cacher dans ces mêmes coudriers. C'était mal fait, j'en conviens; mais ma faute vous est utile.

Raimond commença par raconter au solitaire votre passion pour Estelle, ses projets de la marier avec Méril, et la promesse faite par vous de passer pour toujours le Gardon. J'admire et je plains Némorin, ajouta-t-il d'un ton touché. Je lui ravis sa maîtresse, je l'exile de son pays; je veux du moins rendre doux cet exil; mais Némorin refuserait mes dons, il faut qu'ils passent par vos mains. J'y trouverai le double plaisir de faire du bien et d'être ignoré.

LIVRE III.

Je sais, poursuivit-il, que depuis long-temps vous êtes tourmenté du désir de retourner dans votre patrie. Vous m'avez fait offrir plusieurs fois de me vendre ce beau vallon : mettez-y vous-même le prix; je vais le payer à l'instant, pourvu que vous trouviez un moyen de faire accepter à Némorin ce faible dédommagement de tous les maux que je lui cause, et que vous ayez assez d'adresse pour obtenir de lui le serment qu'il ne sortira de long-temps d'ici.

Tel fut le discours de Raimond. Les deux vieillards méditèrent ensemble la manière de vous attirer dans ce vallon; ils convinrent de se servir de moi. Raimond me rappela bientôt; et, sans m'instruire de ses desseins que je savais, il m'envoya sur vos traces, avec promesse de me donner quatre agneaux, si je parvenais à vous amener dans ces lieux.

Je vous cherchai, je vous découvris dans la presqu'île de Ners, et vous observai, sans être vu, le jour où Estelle vint vous parler. Le lendemain je vous suivis; je feignis d'avoir besoin de votre secours, et je vous conduisis ainsi jusqu'aux lieux où l'on voulait que vous vinssiez; Rémistan a fait le reste. Raimond me donna les quatre agneaux promis, en me recommandant le silence, que j'ai fidèlement gardé. Aujourd'hui j'ai entendu gémir Estelle; j'ai voulu finir ses chagrins, et j'ai pensé que la mort de

Raimond me dégageait d'un secret qui vous rendait si malheureux.

Ainsi parla le jeune Hilaric. Némorin l'embrasse mille fois. Ami, lui dit-il, puisqu'ils sont à moi, ce vallon, ce verger, ce troupeau, je te les donne dès ce moment. Qu'ai-je besoin de rien posséder, puisque je vais vivre auprès d'elle?

Estelle, en approuvant le don de Némorin, parle long-temps avec complaisance de la bonté de son père; son amant ajoute à ces éloges; et ces deux cœurs vertueux, oubliant leurs maux passés, donnent ensemble des larmes à la mémoire de leur ancien persécuteur.

Cependant la nuit étendait ses voiles, il était temps de regagner Massane. Némorin part avec Estelle et Rose. Arrivés sur le bord du Gardon, ils trouvent des pêcheurs qui les passent à l'autre rive; de là ils n'ont qu'un court trajet jusqu'au village.

FIN DU TROISIÈME LIVRE.

LIVRE QUATRIÈME.

Il faut l'avoir connu, l'affreux malheur de vivre loin de ce qu'on aime, pour pouvoir se faire une idée des ravissemens qu'éprouve notre ame lorsqu'on lui rend le bien qu'elle avait perdu. Il faut avoir répandu les larmes amères de l'absence pour sentir toute la volupté des douces larmes du retour. Je te plains, malheureux amant qu'un sort cruel a forcé de quitter l'objet de tes vœux. Chaque pas que tu fais ajoute à tes maux ; chaque heure te rappelle un plaisir perdu ; tu calcules avec désespoir tous les instans qui s'écouleront avant la fin de ton exil; tu crois les abréger en les recomptant. Tu portes sans cesse les yeux sur le chemin qui conduit aux lieux où tu laissas ton cœur ; tu le mesures avec effroi; et le voyageur que tu découvres sur cette route te semble jouir d'un destin plus heureux que celui des rois. Je te plains; mais que tu seras digne d'envie le jour où tu revoleras vers elle, le jour où, reconnaissant de loin sa maison, tu la verras à sa fenêtre attendre l'heureux instant qui doit payer tant de chagrins. Ah! cet instant... s'il se prolongeait, tu ne pourrais le supporter; ton ame, qui trouva de la force contre les maux, serait accablée de tant de bonheur.

Némorin l'éprouvait en traversant le fleuve, en se retrouvant dans cette vallée qu'il n'avait plus espéré de revoir, en songeant qu'il allait vivre auprès d'Estelle, l'aimer, le dire hautement, et la posséder avant peu de mois. Cette idée, cette espérance, l'émotion qu'il ressentait, lui ôtaient presque la raison. Il marchait en silence, tenant le bras de sa bergère, le serrant sans cesse contre son cœur, et ne pouvant exprimer son ravissement qu'en pressant contre ses lèvres la main de Rose et de sa maîtresse.

La nuit était tout-à-fait fermée lorsqu'ils arrivèrent à Massane. Marguerite, inquiète de sa fille, avait envoyé des bergers, avec des pins allumés, pour chercher Estelle, qu'elle croyait égarée. Le plaisir qu'elle ressentit en la voyant paraître avec Némorin, fut le premier qu'elle eût éprouvé depuis le trépas de Raimond. Elle embrasse le jeune berger, joint sa main à celle de sa fille : Son cœur t'a choisi, lui dit-elle; ce cœur et le mien ont toujours été d'accord. Sois son époux, Némorin; et puisses-tu la rendre heureuse autant qu'elle est aimée de sa mère!

Estelle et Némorin tombent aux pieds de Marguerite. Cette bonne mère les bénit; puis les relevant avec tendresse : Mes enfans, leur dit-elle, j'attends de vous une grace. Trois mois sont à peine écoulés depuis la mort de mon digne époux. Permettez-moi de différer votre mariage jusqu'à la fin des six premiers mois. Je sais bien qu'à cette époque ma douleur sera la même, mais mon deuil paraîtra moins grand. D'ailleurs, malgré mon amitié pour Némorin, la seule idée qu'il n'était pas le choix de mon époux, semble me prescrire ce retard. Pardonnez-le-moi, mes enfans; la décence l'exige, et mon cœur le demande.

En disant ces mots, Marguerite s'attendrit, les deux amans la consolent, et promettent de ne point parler d'hyménée avant les six mois expirés. Némorin, après avoir cent fois remercié Marguerite, Estelle, Rose; Némorin, transporté de joie, retourne dans son ancienne cabane, et se livre à la douce espérance que rien ne peut désormais s'opposer à son bonheur.

Le lendemain, dès l'aurore, il était à la vallée. Estelle et Rose ne tardèrent pas à l'y suivre. Toutes deux s'arrêtèrent de loin pour considérer le berger allant d'arbre en arbre reconnaître les anciens chiffres qu'il avait gravés. Il imprimait ses lèvres sur ceux qu'il retrouvait; il écrivait de nouveau ceux que le temps avait détruits. Némorin, ivre d'amour, ne pouvait se lasser de revoir ces lieux. Il promenait des yeux attendris sur tous les objets qui l'environnaient : il y revenait sans cesse, et leur adressait ces paroles :

>Je vous salue, ô lieux charmans,
>Quittés avec tant de tristesse !
>Lieux chéris où de ma tendresse
>Je vois partout les monumens !

>Lorsqu'une sévère défense
>M'exila de ce beau séjour,
>J'en partis avec mon amour,
>Et j'y laissai mon espérance.

>J'ai retrouvé, dans d'autres lieux,
>Des eaux, des fleurs et de l'ombrage,
>Mais ces fleurs, ces eaux, ce feuillage,
>N'avaient point de charme à mes yeux.

>On n'est bien que dans sa patrie ;
>C'est là que plaisent les ruisseaux ;
>C'est là que les arbres, plus beaux,
>Donnent une ombre plus chérie.

>Qu'il est doux de finir ses jours
>Aux lieux où commença la vie !
>D'y vieillir près de son amie,
>Sans changer de toit ni d'amour !

L'on était alors au commencement de l'été ; tous

les troupeaux de la plaine devaient, selon l'antique usage, quitter bientôt les bords du fleuve, pour aller chercher dans les montagnes un ciel moins brûlant et des pâturages plus frais. Les seules brebis d'Estelle formaient un immense troupeau. Un maître était nécessaire pour veiller, dans un pays étranger, sur les pasteurs qui le conduiraient. Tant que Raimond avait vécu, il avait toujours fait ce voyage. Marguerite exigea que Némorin le fît à sa place.

C'est à toi, mon fils, lui dit-elle, de conserver le bien de ton épouse. D'ailleurs, ton retour ici, ta passion pour Estelle, l'assiduité que tu ne pourrais t'empêcher de lui marquer, donneraient prétexte à la calomnie. Il faut t'éloigner, Némorin. Conduis nos troupeaux à la montagne; tu reviendras à l'automne; le deuil d'Estelle sera fini : sa main te récompensera du sacrifice que je t'impose.

Cette résolution de Marguerite perça le cœur des deux amans; mais ils en sentirent la nécessité. La bergère elle-même, malgré la douleur que lui causait la seule idée de se séparer encore de Némorin, la bergère l'exigea de lui; et le malheureux pasteur, toujours soumis aux volontés d'Estelle, n'osa plus se plaindre dès qu'elle eut parlé.

L'instant du départ des troupeaux est une époque célèbre dans le pays qu'Estelle habitait. On s'y prépare dès long-temps. Chaque fermier, chaque pasteur marque ses brebis d'une lettre ou d'un chiffre; il assemble les bergers qui doivent les conduire à la montagne, leur donne ses ordres, ses conseils, leur fournit des armes et des provisions. Le jour, le moment sont fixés pour que tous les troupeaux d'un village se réunissent dans le même lieu. C'est de là qu'ils partent ensemble.

La marche est ouverte par les chèvres, troupe indocile et légère qui s'avance la tête levée, bondit, s'écarte, revient, choisit les chemins les plus difficiles, s'élance au sommet des rochers, s'y arrête pour brouter l'extrémité de la verdure, ne redoute ni berger ni chien, et n'obéit qu'à son caprice.

Après elles viennent les béliers, dont on a découpé la toison pour les peindre de couleurs diverses. Leurs cornes sont entourées de rubans. Leur fierté, leur gravité s'augmentent encore par ces ornemens. Ils marchent suivis des chiens armés de colliers brillans dont les pointes d'acier reluisent au soleil. Ces surveillans, soumis et fidèles, cèdent le pas aux béliers quand il n'y a point de danger à craindre, mais le reprennent au moindre péril.

Derrière eux on voit s'avancer les jeunes moutons et leurs mères; troupe innombrable, dont les sonnettes accompagnent les bêlemens des brebis, les aboiemens des chiens, les chansons des jeunes bergers.

Ces derniers ferment la marche. Parés de leurs plus beaux habits, ils ont orné leurs chapeaux et leurs flûtes des bouquets qu'ils tiennent de leurs maîtresses. Armés d'épieux au lieu de houlettes, un air guerrier vient se mêler à leur douceur naturelle. Environnés de tous les habitans des hameaux, ils s'avancent en jouant des airs auxquels on répond par des applaudissemens. Les bergères sont sur leur passage : plusieurs d'entre elles versent des larmes ; toutes font des vœux pour leur prompt retour ; toutes, se tenant par la main, suivent les pasteurs jusqu'à un ruisseau où les deux troupes séparées chantent alternativement cette chanson :

LES BERGERS.

Adieu, charmantes bergères ;
Nous quittons ces beaux climats ;
Nous allons porter nos pas
Vers des terres étrangères ;
Là, jusqu'à notre retour,
Point de plaisir, point d'amour.

LES BERGÈRES.

Adieu, nos amis, nos frères ;
Adieu, fidèles amans ;
Rapportez des cœurs constans
A celles qui vous sont chères ;
Pour nous, jusqu'à ce retour,
Point de plaisir, point d'amour.

LES BERGERS.

Sur ces montagnes lointaines
Vos troupeaux s'embelliront :
Mais vos bergers souffriront;
Et, pour soulager leurs peines,
Ils n'auront dans ce séjour
Point de plaisir, point d'amour.

LES BERGÈRES.

Le voyageur solitaire
Qui verra notre pays
S'arrêtera tout surpris
En disant à la bergère :
Eh quoi! dans ce beau séjour,
Point de plaisir, point d'amour!

LES BERGERS.

Si, pour nous rendre infidèles,
Les beautés de ces hameaux
Viennent consoler nos maux,
Nous dirons : Vous êtes belles ;
Mais pour nous, jusqu'au retour,
Point de plaisir, point d'amour.

LES BERGÈRES.

Si quelque amant de la ville
Venait, d'un air séducteur,
Pour surprendre notre cœur,
Nous dirons : C'est inutile ;
Pour nous, jusqu'à leur retour,
Point de plaisir, point d'amour.

Tel est l'ordre de cette fête, que Némorin vit arriver avec tant de douleur. Il ne se trouva point au départ : de si nombreux témoins auraient gêné ses adieux. Tandis que tous les troupeaux se rassemblaient à la vallée, Estelle et Némorin s'étaient promis de se rendre à la fontaine des aliziers.

Ils y arrivèrent tous deux bien avant l'heure convenue. Rose accompagnait son amie. Dès que Némorin aperçut sa bergère, il courut au-devant d'elle ; Estelle précipita ses pas vers lui. Ils s'abordent, veulent se parler, et ne peuvent prononcer une parole ; un poids terrible les oppresse ; ils se regardent en pleurant, se prennent tous deux par la main, et, toujours gardant le silence, ils viennent s'asseoir près de la fontaine. Rose s'arrête derrière eux.

Il faut donc vous quitter encore ! s'écria tout à coup le berger ; il faut aller souffrir de nouveau les tourmens qui m'ont pensé donner la mort ! et c'est vous qui l'avez voulu ! c'est vous qui l'avez commandé ! Ah ! je vous obéis, Estelle ; mais vous apprendrez bientôt ce qu'il m'en aura coûté.

En disant ces mots, Némorin quitte la main de la bergère, et détourne ses yeux pleins de larmes. Estelle fut quelques instans sans répondre. Enfin, d'une voix entrecoupée :

Voilà, dit-elle, comme tu me consoles ! voilà comme celui qui possède mon cœur prend soin de le ménager! Ingrat, c'est moi qui demeure, et c'est toi qui oses te plaindre! c'est toi qui oses comparer ce départ à celui que je ne peux me rappeler sans frémir! Songe que le moment de ton retour est marqué, que la main d'Estelle t'attend, que rien ne viendra plus troubler...

- Ah! pardonne, ma chère Estelle, s'écria le pasteur en prenant sa main, pardonne au délire de la douleur. Je te quitte, je te quitte; ce mot affreux me prive de ma raison. Les plus tristes pressentimens viennent accabler mon ame; les idées les plus funestes me poursuivent; une voix secrète m'avertit que je touche au plus grand des malheurs... O mon amie! ma douce amie! jure-moi de m'aimer toujours : tu me l'as dit mille fois ; j'ai besoin de l'entendre encore ; j'ai besoin que tu me répètes le serment de ne pas m'oublier...

T'oublier! interrompt Estelle : eh! regarde où tu me laisses ; ici tout est plein de toi; ici je te verrai partout. Cette prairie, cette fontaine, ta maison, celle de ma mère, tout ce qui m'environnera, tout ce qui frappera ma vue, me rappellera Némorin. Je viendrai tous les jours à cette prairie, je m'asseoirai à cette fontaine, et mes larmes baigneront la place où tu es à présent assis. Je passerai devant ta maison ; je rentrerai dans la mienne, et toutes deux seront un désert. Ah! mon ami, mon bien-aimé, ne crains pas que je t'oublie; craignons plutôt... Tes terreurs viennent de passer dans mon ame; j'éprouve, comme toi, d'affreux pressentimens. Hier au soir, l'oiseau de la nuit est venu sur ma fenêtre; j'ai entendu ses cris funèbres jusqu'à la naissance du jour. Mon ami, mon doux ami... ah! ne pars pas; reviens près de ma mère: nos larmes l'apaiseront, ne pars pas, mon cher Némorin; reste avec la moitié de toi-même. Dis, mon ami; réponds-moi, réponds-moi : veux-tu ne pas partir?

Rose entendit ces paroles, et se pressa d'arriver. Némorin allait consentir à ce que désirait Estelle. La sage Rose s'y oppose; elle leur rappelle à tous deux la volonté de Marguerite, les bruits injurieux pour Estelle qu'occasionerait le retour de Némorin, le respect, l'obéissance qu'ils devaient à leur tendre mère, surtout la peine qu'ils lui causeraient.

Rose parlait, les amans pleuraient; ils cédèrent aux raisons de Rose. Némorin se lève pour partir; mais Estelle le retient : elle lui donne un bracelet de ses cheveux, que le berger mit sur son cœur; puis, pressant ses lèvres sur la main d'Estelle, il prononce adieu, le répète encore, et ne peut se résoudre à se mettre en marche. Estelle aussi répétait adieu, lui disait de partir, et ne retirait pas sa main. Enfin Rose les sépare; et, malgré les pleurs, malgré les cris de Némorin, elle entraîne la triste Estelle, qui retournait encore la tête et s'arrêtait pour lui tendre les bras.

Le berger, immobile, la suivait des yeux. Il ne la vit bientôt plus ; alors, faisant un effort, il s'éloigne de la fontaine, et prend le chemin de Lézan.

Ce fut près de ce village que Némorin rejoignit son troupeau. Il poursuivit sa route vers Anduze, gagna les bois de Valory, et, dirigeant ses pas vers la Mélouze, il arrive, après dix jours, sur les bords du Galaison.

C'était là qu'il devait passer l'été. Son premier soin fut de chercher les pâturages les plus solitaires. Eloigné de tous les autres bergers, occupé de la seule Estelle, il s'enfonçait dans la montagne, il gravissait les rocs escarpés. Impatient de voir finir le jour, il parquait ses moutons bien avant la nuit, et se hâtait de se retirer dans sa cabane, espérant arriver plus vite au lendemain.

Il avait déjà vu le soleil se coucher dix-sept fois, lorsqu'un matin, absorbé dans sa triste mélancolie, il se lève avant l'aurore, et va s'asseoir sur une roche écartée.

L'aurore ne teignait point encore l'horizon ; les étoiles parsemaient de feux brillans la vaste étendue des cieux ; la lune, sur son déclin, réfléchissait dans les ruisseaux sa lumière faible et tremblante ; l'écho lointain des rochers répondait aux cris monotones des habitantes des marais; toute la contrée était couverte d'un voile sombre; quelques vers luisans, errans çà et là, se distinguaient seuls dans l'obscurité.

Némorin, après avoir long-temps considéré ce calme profond qui augmentait sa tristesse, tourne ses yeux vers l'orient, et chante ces paroles:

Du soleil qui te suit trop lente avant-courrière,
Étoile du matin, fais briller ta lumière.
Hélas! pendant la nuit je désire le jour :
Mais, dès que ses rayons éclairent la contrée,
  Je ne puis souffrir sa durée
  Loin de l'objet de mon amour.

Tout est calme, tout dort dans ces tristes montagnes :
Les fidèles béliers sont près de leurs compagnes,
D'elles, de leurs agneaux, caressés tour à tour;
Le ramier dans son nid paisiblement sommeille :
  Moi seul je gémis et je veille
  Loin de l'objet de mon amour.

Eh quoi! sûr d'être aimé, certain d'unir ma vie
Au digne et tendre objet dont mon ame est ravie,
Le plus parfait bonheur m'attend à mon retour!
Je me le dis en vain; une terreur secrète
  Me suit, m'agite, m'inquiète,
  Loin de l'objet de mon amour.

Ainsi chantait le malheureux berger, et la diligente aurore commençait à couvrir les montagnes de couleur de rose et d'or. Némorin, jadis si sensible aux beautés de la nature, Némorin contemple sans plaisir le majestueux lever du soleil. Il retournait tristement à son troupeau, lorsqu'il aperçoit de loin une bergère qui venait vers lui. Son premier mouvement fut de fuir, pour ne pas se trouver sur son passage; mais il croit reconnaître cette bergère, il s'arrête en la regardant.

Elle approche à pas lents, les mains jointes, l'air accablé de fatigue et de douleur. Némorin la considère : quelle est sa surprise en reconnaissant Rose!

Rempli de trouble et d'effroi, il se précipite vers elle, il voit des larmes dans ses yeux. Couvert d'une pâleur mortelle, la bouche ouverte, il n'ose pas lui demander le sujet de son voyage; il attend en silence que Rose ait parlé.

Malheureux Némorin, dit-elle, je n'ai voulu confier à personne le triste devoir dont je viens de m'acquitter. Estelle me l'a demandé; Estelle a exigé de moi que je vinsse vous porter les dernières expressions de son amour, les derniers adieux de son cœur... Que dites-vous? s'écria Némorin : Estelle ne vit plus... — Estelle vit encore; mais elle est morte pour vous.

A cette parole Némorin tombe sur la terre, privé

de tout sentiment. Rose va chercher de l'eau dans une source voisine, la jette sur son visage, l'appelle, lui serre la main. L'infortuné ouvre les yeux ; et les tournant douloureusement vers Rose : Achevez-moi, lui dit-il, par pitié, achevez-moi. Estelle a changé ! Estelle ne m'aime plus !... Ma vie est un affreux supplice. Estelle a changé ! Estelle ne m'aime plus ! En répétant ces paroles, il retombe le visage contre la terre ; il l'embrasse avec étreinte comme son dernier asile ; il mort les pierres et le gazon qu'il trempe de larmes amères.

Estelle vous adore, lui répondit Rose ; et cet amour qui ne peut s'éteindre, cet amour plus cher que sa vie, doit la rendre à jamais malheureuse.

A ces mots, Némorin relève la tête : Elle m'aime ! s'écria-t-il ; elle m'aime ! Vous me l'assurez ? Ah ! vous ne me trompez pas ? Si son cœur est encore à moi, parlez, je puis tout supporter.

Rose lui répète qu'il n'est que trop aimé. Le berger, plus calme, essuie ses pleurs, et prête une oreille attentive à ce récit de la fidèle Rose.

Huit jours ne sont pas écoulés depuis qu'Estelle me disait encore qu'avant trois mois vous seriez son époux. Nous venions ensemble tous les matins à la fontaine des aliziers ; nous y passions les journées à parler de vous ; et quand le retour des glaneuses nous avertissait de regagner la maison, nous retournions près de Marguerite, à qui nous en parlions encore.

Un soir que nous étions occupées de cette douce conversation, nous entendons frapper à la porte; nous tressaillîmes malgré nous. Après nous être remises, Estelle et moi nous allons ouvrir. Jugez de notre surprise en reconnaissant Raimond et Méril. Le premier mouvement d'Estelle fut de se jeter au cou de son père. Elle le tient embrassé long-temps; et, sans prendre garde à Méril, elle court annoncer à Marguerite l'arrivée de son époux.

O mon ami! mes larmes coulent en me rappelant les transports, le délire de Marguerite. Elle ne pouvait croire à son bonheur; elle contemplait Raimond; elle le baignait de ses larmes, et les essuyait sans cesse pour le regarder encore, pour s'assurer que c'était lui qu'elle pressait contre son sein. Raimond, que ses pleurs étouffaient, faisait de vains efforts pour parler. Pressé tour à tour et à la fois par son épouse et par sa fille, ce vieillard, si peu caressant, ne pouvait suffire aux transports qui l'agitaient dans ce moment.

Enfin, quand leur joie commune fut un peu calmée, Raimond, prenant Méril par la main, le présente à Marguerite et à sa fille. Voilà mon libérateur, leur dit-il ; voilà celui qui vous rend votre époux et votre père. Écoutez le touchant récit de ce qu'il a fait pour moi.

Alors, malgré les instances de Méril, Raimond raconte que, la nuit de son arrivée à Maguelonne, des pirates catalans vinrent surprendre et piller la ville. Éveillé des premiers, armé seulement d'un bâton, Raimond se défendit long-temps : mais, accablé par le nombre, il fut blessé, chargé de chaînes, et traîné dans les vaisseaux des vainqueurs, qui repartirent au point du jour. On le conduisit à Barcelone, où, après sa guérison, les pirates mirent un si haut prix à sa liberté, que le généreux Raimond résolut de rester dans l'esclavage plutôt que de causer la ruine de sa femme et de sa fille en leur faisant savoir son infortune. Résigné à tous les malheurs de sa destinée, il était matelot sur les vaisseaux ennemis, et se reposait un jour sur le rivage de la mer, quand il vit paraître Méril.

Méril, après avoir cru Raimond tué, après nous l'avoir écrit, avait fait vendre ses biens de Lézan pour aller s'établir en Roussillon. Là, instruit par des prisonniers que Raimond était captif à Barcelone, il y courut avec sa fortune. Cette fortune devint le prix de la liberté de Raimond. Le vertueux Méril regarda ce jour comme le plus beau de sa vie. Plus heureux de sa pauvreté qu'il ne le fut jamais de ses richesses, il avait repris avec son ami la route de Massane, où ils venaient d'arriver.

Raimond pleurait en faisant ce récit. Il le termine en prenant la main de sa fille, et disant au bon Méril : Voilà le seul bien qui me reste ; car tout ce que je possède ne paierait pas ce que t'a coûté ma rançon. Accepte-le, mon ami, non pour m'acquitter, j'aime à te devoir, mais pour ajouter encore à ce que tu fis pour moi.

En cet endroit, Némorin interrompit la jeune Rose : C'en est fait, dit-il, mon malheur est au comble : j'admire et j'aime mon rival. Méril a mérité la main d'Estelle. Qu'ils soient heureux ! qu'ils soient heureux ! et que je sois le seul à plaindre !

Après ce qu'avait fait Méril, poursuivit Rose, Estelle et Marguerite sentirent bien que rien ne pouvait suspendre un hymen auquel Raimond attachait son bonheur. Ce vieillard, sans s'informer de ce qui s'était passé pendant son absence, sans témoigner ni curiosité ni mécontentement, prit Estelle en particulier, et lui montrant sur ses bras meurtris les marques récentes encore de ses chaînes : Quel jour, lui dit-il en la regardant, épouses-tu mon libérateur ? Estelle répondit : Demain.

A ce mot Raimond l'embrassa ; mais, voyant qu'elle pâlissait, il la laisse avec Marguerite, et va préparer cet hymen.

Estelle vous écrivit. J'ai brûlé sa lettre, qui n'aurait fait qu'augmenter vos douleurs. Craignant votre désespoir, mon amie m'a demandé de partir avec Hilaric pour venir vous préparer à cette affreuse nouvelle, pour venir pleurer avec vous, et vous offrir les consolations que l'amitié peut donner. Voilà le motif qui m'a guidée; mon ami, pardonnez-moi tout le mal que je vous fais.

Ils sont donc unis? demanda le berger d'un air sombre. Ils le sont, répondit Rose; et jamais hymen ne fut accompli sous de si tristes auspices. La malheureuse Estelle, pâle, les yeux rouges de larmes, s'est traînée jusqu'à l'autel. En se mettant à genoux, elle est tombée sur la pierre. Lorsqu'il a fallu prononcer le serment, ses sanglots, ses pleurs, ont étouffé sa voix; ses yeux se sont fermés à la lumière. Marguerite et moi, qui examinions tous ses mouvemens, nous nous sommes précipitées vers elle; nous l'avons soutenue sur notre sein. Méril a voulu tout suspendre : mais Estelle, rassemblant ses forces, s'est relevée, a saisi la main de Méril, et, d'une voix ferme, a prononcé le terrible mot qui l'engage à jamais.

En sortant du temple, une fièvre ardente l'a saisie; nous avons tous craint pour ses jours. Méril, à chaque instant occupé d'elle, Méril, sans cesse attentif, jamais importun, lui a prodigué les soins les plus tendres. Il y a trois jours que les deux époux ont eu ensemble une longue conversation ; en la terminant ils pleuraient ; mais Estelle était plus tranquille. Depuis ce moment sa fièvre est calmée, et sa vie est en sûreté, du moins tant qu'elle ne vous reverra pas : mais si jamais vous cherchez sa vue, si vous osez vous présenter devant elle, c'en est fait de mon amie; votre présence la tuera. Je vous demande donc, Némorin, je vous supplie, par mon amitié constante, par les vertus de votre cœur, par votre amour pour Estelle, de ne point revenir dans votre patrie. Vous n'avez plus d'espoir, tout est fini pour vous. N'ajoutez pas à vos maux en augmentant ceux de votre maîtresse, en allumant la jalousie de Méril, en la rendant à la fois la victime de son père, de son époux et de son amant.

Rose se tut. Némorin gardait un farouche silence. Ses yeux secs étaient fixés sur Rose sans la voir ; sa respiration était entrecoupée ; il ne pouvait ni parler ni pleurer. Rose attendit quelques instans : ensuite, lui tendant la main : Me haïssez-vous ? lui dit-elle. Ce mot fit fondre en larmes le berger.

Moi, vous haïr, s'écria-t-il, vous qui seule sur la terre daignez plaindre mes malheurs ! Moi, vous haïr, ma bonne amie ! Ah ! ce cœur est à vous tant qu'il palpitera. Il n'a pas long-temps à vous aimer.... Au moins son dernier sentiment sera d'obéir à vos conseils. Je vais partir, ma chère Rose : je vais m'éloigner chaque jour davantage d'elle, de vous, de tout ce qui m'est cher; je vais mettre, s'il est possible, toute la terre entre elle et moi. Adieu, mon amie, ma seule amie; adieu pour toujours! Rose, pour toujours! Ce mot m'était si doux autrefois! Qu'il m'est amer aujourd'hui! Surtout ne lui parlez jamais de moi; ne prononcez jamais mon nom : dites-lui seulement que je suis parti, que je vais vivre loin d'elle, me guérir peut-être de mon funeste amour, m'efforcer d'imiter son exemple, oublier.... Non, Rose, non, jamais, jamais! Dites-lui.... dites-lui plutôt que mon dernier soupir sera pour elle, qu'en expirant je prononcerai son nom, que toujours.... Ah! Rose, Rose, mon cœur ne me trompait pas le jour où je lui dis adieu; le sien l'avertissait aussi.... Adieu, Rose, ma chère Rose; adieu, vous ne me verrez plus.

A ces mots il se jette au cou de Rose, et la presse dans ses bras.

Cette bergère, qui de sa vie n'avait souffert qu'un berger lui baisât la main, embrassait elle-même son ami, mêlait ses larmes aux siennes, et le serrait contre son sein. Sa pudeur n'en était point alarmée : tant il est vrai que l'amitié purifie tout ce qui l'approche.

Enfin le malheureux pasteur s'arrache d'auprès

de Rose, et s'éloigne d'un air égaré. Rose, effrayée de son désespoir, se lève et court après lui. Elle l'appelle, le rejoint, et, résolue à ne point le quitter dans ces premiers momens de douleur, elle s'attache à ses pas.

FIN DU QUATRIÈME LIVRE.

LIVRE CINQUIÈME.

Tendre amitié, délices des bons cœurs, c'est dans le ciel que tu pris naissance; tu descendis sur la terre aux premiers chagrins des humains. Le Créateur, toujours attentif à soulager par un bienfait chacun des maux de la nature, t'opposa seule a toutes les peines. Sans toi, jouets éternels du sort, nous passerions dans les pleurs les longs instans de cette courte vie. Sans toi, frêles vaisseaux, privés de pilotes, toujours battus par des vents contraires, portés à leur gré çà et là sur une mer semée d'écueils, nous péririons sans être plaints, ou nous échapperions pour souffrir encore. Tu deviens le port tranquille où l'on se réfugie pendant l'orage, où l'on se félicite après le danger. Bienfaitrice de tous les mortels, dans la douleur, dans la joie, tu donnes seule des jouissances que les remords et la crainte ne viennent point empoisonner.

Rose fut trois jours avec Némorin, et lui prodigua pendant ce temps toutes les consolations que le malheureux amant pouvait goûter. Sans s'informer si la route qu'ils suivaient tous deux l'éloignait ou la rapprochait de Massane, Rose n'était occupée que de porter un peu de calme dans l'ame déchirée du berger. C'était l'ami de son amie : ce titre seul lui faisait chérir Némorin comme le plus aimé des frères. Rose lui donnait ce nom dans les villages où ils arrivaient le soir, et où l'on s'empressait à l'envi de leur offrir l'hospitalité.

Hilaric suivait de loin l'aimable Rose, et ne venait point troubler les entretiens de l'amitié. Après trois jours cependant, il avertit la bergère qu'elle s'éloignait de plus en plus de son village, que les chemins pour l'y reconduire allaient lui devenir inconnus. Némorin se joignit au jeune guide pour engager Rose à retourner à Massane. L'amie d'Estelle n'y consentit qu'après avoir fait jurer au berger qu'il prendrait soin de ses jours.

Demeuré seul, le triste pasteur alla s'enfoncer dans les bois, où il demeura plusieurs semaines, se nourrissant de fruits sauvages, s'occupant sans cesse de sa douleur. Résolu de quitter l'Occitanie, il suivit le premier chemin; et, marchant sans tenir de route, après plusieurs jours qu'il ne comptait plus, il arriva dans la plaine de Sainte-Eulalie. Là il s'arrête épuisé de fatigue, se couche au pied d'un mûrier, et ses yeux se ferment quelques instans.

Il fut bientôt réveillé par une voix douce et tendre. Cette voix, qui n'était pas inconnue à Némorin, s'exprimait ainsi :

> Vous qui loin d'une amante
> Comptez chaque moment;
> Vous qui d'une inconstante
> Pleurez le changement,
> Votre destin funeste
> Pour moi serait un bien :
> L'espoir au moins vous reste;
> Il ne me reste rien.
>
> J'aimais une bergère,
> Je possédais son cœur;
> Mais, hélas! sur la terre
> Il n'est point de bonheur :
> Il ressemble à la rose
> Qui s'ouvre au doux zéphyr,
> Le jour qu'elle est éclose
> On la voit se flétrir.
>
> L'objet de ma tendresse
> A subi le trépas :
> Beauté, grace, jeunesse,
> Ne la sauvèrent pas.
> Je vais bientôt la suivre
> Dans la nuit du tombeau :
> Le lierre ne peut vivre
> Quand on coupe l'ormeau.

Némorin, touché de ces accens, s'avança vers le lieu d'où ils partaient. Il aperçut un berger couché sur le gazon, la tête appuyée sur sa main, les yeux baignés de larmes. A peine l'a-t-il envisagé, qu'il reconnaît Isidore, Isidore son ancien compagnon, le premier ami de son enfance, à qui Némorin n'avait pu dire adieu lors de son premier départ de Massane, et qu'il n'avait plus retrouvé dans ce village quand Estelle l'y avait ramené.

Les deux bergers, en se voyant, se précipitent dans les bras l'un de l'autre : ils restent long-temps embrassés : ils se regardent ensuite, devinent mutuellement leurs maux, et, sans se parler, ils se plaignent.

Némorin rompit le silence. Ami, dit-il, je le vois, nous souffrons pour la même cause, l'amour... Ah ! s'écrie Isidore, ne parle que de l'amitié.

A ce mot, il se jette de nouveau dans le sein de son ami. Cependant, pressés de s'apprendre leurs peines, ils vont s'asseoir contre une haie de troène qui s'élevait au-dessus de leurs têtes, et Némorin commence le récit de tout ce qu'il a souffert.

Il versa des larmes, il en fit répandre. Isidore les interrompt pour raconter ses infortunes.

Tu connais mes premiers malheurs, tu sais que, privé de mes parens dès le berceau, j'étais élevé chez le pasteur de Massane, ce bon et sage Casimir que les pauvres pleurent toujours, et que les riches n'ont point remplacé. Il mourut le même jour où, pour la première fois, tu quittas notre village. Avant d'expirer, il me dit ces paroles :

Mon fils, vous êtes d'un sang noble, mais vous ne possédez rien. Votre père, mon meilleur ami, me confia votre enfance. J'ai tâché de vous inspirer des vertus : c'est le seul héritage qu'un pasteur puisse laisser. J'y joindrai pourtant ce peu d'or, que j'épargnai, non sur les pauvres, mais sur moi-même. Achetez-en un troupeau, si vous voulez continuer la douce vie des bergers. Si le sang dont vous sortez inspire d'autres désirs, allez combattre pour notre bon roi, et que votre valeur vous rende tout ce que vous ôta la fortune. Dans ces deux partis, mon cher fils, n'oubliez jamais la vertu, et songez quelquefois à ma tendresse.

En disant ces mots, il expira. Je ne te peindrai point ma douleur; tu vois mes larmes couler au seul nom de Casimir.

Dès le lendemain je quittai Massane, qui me semblait un désert. Après t'avoir inutilement cherché, je résolus d'aller à Montpellier demander une épée à ce jeune héros, à ce fameux Gaston de Foix, qui tenait alors nos États. Je descendis vers l'antique ville de Sauve, je suivis les bords du Vidourle, et j'arrivai dans le vallon charmant où Saint-Hippolyte est bâti. Enchanté du paysage qui m'environnait, j'allai m'asseoir au bord de l'eau ; je m'appuyai contre un vieux saule, pour rassasier mes yeux du spectacle qui les ravissait.

Nous étions alors aux premiers jours du printemps ; toute la prairie était émaillée de fleurs ; les tilleuls, les lauriers, les aubépins embaumaient l'air ; mille oiseaux se caressaient sur leurs branches ; les taureaux, les béliers poursuivaient les génisses et les brebis sur l'herbe humide de rosée ; le zéphyr agitait à la fois les arbres et les flots argentés. Ce doux murmure des ondes, mêlé au doux bruit du feuillage, aux accens du rossignol, aux bêlemens des troupeaux, portait dans mon ame un trouble involontaire ; et j'écoutais, hors de moi, cette chanson des bergères que j'entendais dans le lointain :

Voici venir le doux printemps,
Allons danser sous la coudrette ;
La nature a marqué ce temps
Pour que le plaisir eût sa fête.
Ah ! craignons de perdre un seul jour
De la belle saison d'amour.

De l'eau qui court sur les cailloux
L'agréable et tendre murmure,
Le bruit si léger et si doux
Du zéphyr et de la verdure,

Tout dit : Craignez de perdre un jour
De la belle saison d'amour.

Le pinson, dans ces bosquets verts,
Sur cet ormeau la tourterelle,
L'alouette au milieu des airs,
Le grillon sous l'herbe nouvelle,
Chantent : Craignez de perdre un jour
De la belle saison d'amour.

Hélas ! hélas, ce beau printemps,
Qui quelques jours à peine dure,
Ne revient point pour les amans,
Comme il revient pour la nature.
Craignez, craignez de perdre un jour
De la belle saison d'amour.

Au milieu de la rêverie qui occupait tous mes sens, un doux sommeil vint me surprendre. A peine mes yeux s'étaient fermés, que tu m'apparus en songe. Oui, Némorin, je te vis avec ce même habit que tu portes, avec ce mouchoir de soie bleue négligemment noué sous ton menton. Tu t'appuyais sur ta houlette, tu fixais sur moi des yeux pleins de larmes.

Fuis, malheureux, me dis-tu ; fuis, il en est temps encore. Dans un instant, tu ne le pourras plus. C'est ici que l'amour t'attend. Isidore, que je te plains ! tu ne le connais pas, ce redoutable amour ; ah ! puisses-tu ne pas le connaître! puisses-tu ne jamais sentir les maux que cause l'absence, les pleurs que fait verser la crainte, les tourmens de la jalousie, et les chagrins sans motifs, et l'injustice des soupçons! Isidore, mon cher Isidore, je suis moi-même un triste exemple des malheureux que fait l'amour. Tremble de devenir plus à plaindre que moi : tremble...

A ces mots, tu disparais. Je me réveille aussitôt, baigné d'une sueur froide; j'entends non loin de moi des cris; j'aperçois deux jeunes bergères, pâles, tremblantes, éperdues, près de tomber dans le fleuve, pour éviter un taureau furieux. Je me lève; je vois le terrible animal bondir le long du rivage, la tête basse, l'œil à demi fermé, présentant deux cornes menaçantes, et jetant des flots d'écume de ses naseaux tout fumans.

Accoutumé dès l'enfance à terrasser les taureaux, je cours à lui, je l'excite, et l'animal vient à moi. Affermi sur mes pieds, j'attends le moment où il baisse le front pour m'atteindre; je m'élance à ses cornes; et, pesant sur l'une en élevant l'autre, je le renverse sans effort. Le taureau tombe et roule dans le fleuve. Au bruit de sa chute, les deux bergères se retournent. Rassurées en voyant le taureau gagner à la nage l'autre rive, elles reviennent me remercier du service que je leur ai rendu.

O mon ami! ce seul instant décida du sort de ma vie. Adélaïde, ainsi s'appelait la plus jeune de ces bergères, avait à peine seize ans. La douceur et la grace se peignaient dans ses traits. Sa beauté, dont l'éclat frappait d'abord, semblait ensuite emprunter ses charmes de sa bonté, de sa candeur: en la regardant, on l'admirait; dès qu'elle vous jetait un coup d'œil, on l'aimait sans songer qu'elle était belle.

Delphine, sa sœur ainée, me fit, je crois, quelques questions. A peine je l'entendis; Adélaïde m'occupait tout entier. Lorsque je voulus répondre, ma langue resta glacée ; un tremblement me saisit; je balbutiai quelques mots sans suite. Delphine s'aperçut de mon trouble; elle parla bas à sa sœur : Adélaïde rougit; je sentis moi-même que je rougissais, et mon embarras redoubla.

Les deux sœurs me quittèrent; je n'osai les suivre. Elles s'arrêtèrent à peu de distance, et se mirent à cueillir des narcisses. Delphine choisissait les plus beaux : Adélaïde les prenait au hasard; quelquefois même, toute pensive, elle laissait échapper ceux qu'elle avait déjà cueillis, et coupait l'herbe au lieu de la fleur.

Delphine, moins distraite que sa sœur, l'avertit bientôt que l'heure de la retraite était venue. Adélaïde se le fit répéter. Toutes deux prirent le chemin d'un château environné de tourelles, bâti sur le haut d'un mont. Un chevrier m'apprit que ce fort château était celui d'Aguzan, qu'il appartenait à un vieux chevalier, le plus riche, le plus puissant de la contrée, veuf depuis long-temps, et père de ces deux jeunes beautés.

Accablé de cette nouvelle, je vis sur-le-champ l'abîme de maux où m'allait précipiter un amour sans espérance. Tout ce que tu m'avais dit en songe revint s'offrir à mon esprit. Effrayé des malheurs qui m'attendaient, je voulus fuir; je repris ma route, et je ne pus jamais passer au-delà du saule où je m'étais endormi. Assis à cette même place, les yeux fixés sur l'endroit où je l'avais vue, m'efforçant de songer à moi, et ne pouvant songer qu'à elle, j'attendis le lendemain.

Tant que la nuit dura, je me promis de partir au point du jour. Dès que l'aurore eut brillé, je résolus d'attendre le soir. Je parcourus la prairie en cherchant les fleurs qu'elle avait laissé tomber; je palpitais de joie en les retrouvant; je les couvrais de baisers. Plus riche de ce trésor que de tous les biens de la terre, j'allai me rasseoir au pied du saule, où je chantai ces paroles :

> Beaux narcisses, qu'une bergère
> Qui vous égalait en blancheur
> Laissa dans ce pré solitaire,
> Devenez à jamais ma fleur.

Depuis que cette main chérie
Vous a touchés, vous a cueillis,
Vous effacez roses et lis;
Vous êtes rois dans la prairie.

Belles fleurs, ma seule richesse,
Je veux jusqu'à mon dernier jour
Vous voir, vous respirer sans cesse,
Et m'enivrer ainsi d'amour.

Parer le sein de cette belle
Serait un destin plus flatteur;
Mais en reposant sur mon cœur,
Vous serez toujours auprès d'elle.

En finissant ces derniers mots, j'entendis du bruit : je retournai la tête, et j'aperçus Adélaïde avec Delphine. Je me levai pour les saluer ; je cachai mes fleurs dans mon sein, et feignis de vouloir m'éloigner; mais Delphine m'arrêta :

Berger, dit-elle, c'est à nous de fuir, si nous interrompons vos chansons. Mes chansons, répondis-je en tremblant, n'intéressent ici personne. Pardonnez à un étranger de s'être oublié dans ces lieux charmans.

Vous pouvez y demeurer sans crainte, me dit alors Adélaïde; ces prés appartiennent à mon père, et nous vous devons assez pour ne pas vous regarder comme étranger.

En disant ces mots, son front se colore; elle jette à Delphine un regard timide, comme pour demander l'approbation de ce qu'elle m'avait dit. Je voulus répondre, je ne le pus jamais. Delphine eut pitié de mon embarras; elle me demanda mon nom, ma patrie, quel motif me conduisait à Saint-Hippolyte. Je n'hésitai pas à lui raconter qu'ayant perdu le bon Casimir, j'étais sans ami, sans asile, et que j'allais me faire soldat dans les troupes de Gaston de Foix. Delphine me détourna de ce dessein; Adélaïde ajouta que Casimir n'était pas le seul qui sût aimer la vertu malheureuse.

Dans ce moment, un bruit de cors fit retentir la plaine. Bientôt arrive une meute conduite par plusieurs valets; au milieu d'eux, un vieillard d'une physionomie grave et noble, armé d'une longue arbalète, donnait l'ordre à tous les chasseurs.

Il parut d'abord étonné de trouver ses filles dans la prairie; mais Delphine s'élance à son cou, lui souhaite une heureuse chasse, et l'assure qu'elles ne se sont levées si matin que pour s'occuper de ses intérêts.

Depuis quelque temps, dit-elle, vous cherchez un premier berger; en voici un des Cévennes, où les pasteurs sont si renommés. C'est moi qui réponds de lui, vous ne le refuserez pas quand vous saurez ce qu'il fit pour nous.

Delphine raconte alors le péril dont je l'avais sauvée. Le vieux Aguzan m'interroge ; je répète en rougissant ce que j'avais dit à sa fille. Le vieillard me prend à son service, me tend la main en signe d'amitié, et charge un de ses veneurs de me conduire aux bergeries.

En m'éloignant, je rencontrai les yeux d'Adélaïde. Ce seul coup d'œil acheva de m'ôter ma faible raison. Je courus m'emparer du troupeau. Dès le lendemain, je le conduisis dans cette prairie, devenue si chère à mon cœur. Adélaïde y vint encore : j'osai l'aborder, j'osai lui parler ; elle me répondit avec cette douceur, cette grace, cette modestie, qui épurent l'amour en même temps qu'elles l'augmentent, et font de la plus ardente des passions la plus aimable des vertus.

Adélaïde me parla de mon sort, forma des vœux pour mon bonheur, m'instruisit des moyens de plaire à son père. Je sus les mettre en usage. Au bout de quelques semaines, j'étais le favori du vieillard. Je présidais à la ferme, aux troupeaux, à la maison ; Adélaïde me félicitait, et je ne pouvais lui répondre ; je ne pouvais lui parler à mon gré de mon bonheur, de ma reconnaissance. Dans la crainte d'en trop dire, je n'en disais pas assez. Le respect que m'inspirait sa présence était plus grand que mon amour.

Nos douces conversations devinrent de plus en

plus fréquentes. Adélaïde et Delphine se rendaient tous les matins à la prairie; j'étais au château le reste de la journée. Jamais je ne prononçais le nom d'amour, et cependant Adélaïde était bien sûre que je l'adorais; jamais elle ne me dit un mot que son père n'aurait pu entendre, et j'étais certain d'être aimé d'elle.

Enfin, j'osai lui déclarer ma naissance; cet aveu fit plaisir à son cœur. Un rayon d'espoir entra dans nos ames. Insensés que nous étions!

Un jour, plus tard qu'à l'ordinaire, Adélaïde vint à la prairie. Elle était triste; son visage n'avait plus ces couleurs brillantes qui la faisaient ressembler à la pomme vermeille. Ses yeux avaient perdu leur éclat; ses mains tremblaient en pressant les siennes. Mon ami, me dit-elle d'une voix faible, hier au soir, mon père nous annonça que, pour procurer à ma sœur le parti le plus brillant de la province, il avait décidé que je prendrais le voile. Delphine a fait un cri d'horreur. Elle s'est jetée aux pieds de mon père, elle l'a supplié de rompre un hymen qui nous rendrait toutes deux malheureuses. Mon père l'a repoussée; irrité de ses prières et de mon silence, il m'a déclaré d'un ton terrible que dès demain il me conduirait au couvent d'Anduze, d'où je ne sortirais plus. Les larmes, les cris de ma sœur n'ont fait qu'allumer sa colère. Son ambition est flat-

Estelle P. 125.

tée d'avoir pour gendre le comte d'Assier; et la tendresse qu'il avait pour moi est immolée à cette ambition.

Mais je n'irai point au couvent. Le trouble, l'effroi que j'ai ressentis, la fureur où j'ai vu mon père, m'ont causé un saisissement qui doit avoir des suites funestes. Une fièvre ardente m'a consumée toute la nuit; ma tête et mes entrailles brûlent; je peux à peine me soutenir. La certitude où je suis de succomber à mes maux me les a fait surmonter pour venir te voir encore, pour venir dire le dernier adieu à cette belle prairie, asile de nos amours. Mon cœur s'attendrit en la regardant; mes larmes coulent en fixant là-bas ce vieux saule où pour la première fois... Ah! mon cher Isidore, emmène-moi d'ici; j'y regretterais trop la vie.

En disant ces mots, je la sens défaillir. Je la soutiens, je l'appelle; elle ne me répond plus. Je la porte évanouie jusqu'au château, où ses femmes la mettent au lit.

En peu de temps le mal fut à son comble. Le vieux Aguzan voulut que je soulageasse Delphine dans les soins qu'elle rendait à sa sœur. Grace à cet ordre si cher, je ne quittai plus Adélaïde, toujours occupé de la servir, sans cesse à genoux au pied de son lit, tandis que Delphine était au chevet; nous passâmes ainsi neuf jours et neuf nuits, versant des pleurs dès qu'Adélaïde reposait un seul moment, et composant notre visage aussitôt qu'elle nous regardait. Ah! mon ami, que ces joies feintes sont douloureuses! Que nous avons souffert, Delphine et moi, en cachant nos larmes sous un air riant, en affectant une espérance qui n'était pas dans nos cœurs! La mort, la mort que nous redoutions tant pour Adélaïde, eût été cent fois plus douce pour nous que ce supplice continuel.

Cependant le vieux Aguzan, touché du danger de sa fille, avait envoyé chercher des secours à Montpellier. Le médecin attendait le onzième jour pour nous prononcer notre arrêt. Il vint ce onzième jour : le médecin nous abandonna; je tombai sans mouvement en le voyant partir.

Revenu à moi, j'allai prendre ma place auprès du lit d'Adélaïde. Elle ne connaissait personne; le délire l'égarait depuis trois jours. Elle me fixa cependant; et me regardant avec ce rire affreux qui fait couler les larmes des indifférens :

Je suis guérie, me dit-elle; j'épouse demain Isidore; demain je deviendrai la femme du plus aimable des époux. Après cela, je mourrai, je l'ai promis. Je veux que vous soyez à mes noces, et que vous mouriez avec moi.

En prononçant ces paroles insensées, elle me tendit la main; mais, son père ayant paru, elle me repoussa loin d'elle, prononça le nom de couvent, et son délire fut de désespoir.

Le mal sembla diminuer aux approches de la nuit. C'était la douzième que Delphine et moi nous passions sans que nos yeux se fussent fermés. Delphine fit retirer son père : accablée de fatigue, elle se jeta sur un lit de repos, où le sommeil, malgré sa douleur, s'empara bientôt de ses sens. Toutes les femmes, tous les valets d'Adélaïde étaient endormis. Je veillais seul dans sa chambre. Elle était calme : accablée par la force du mal, elle reposait ou semblait reposer. Je la considérai long-temps : je contemplai ce visage, le plus beau de la nature peu de jours auparavant, maintenant rouge, allumé, couvert d'une peau tendue ; cette bouche, l'asile des amours, d'où ne sortaient jamais que des paroles de bonté ou de tendresse, exhalant une haleine brûlante et précipitée. Je voulus la respirer, j'eus l'espoir de prendre son mal et de mourir avec elle. J'approchai doucement ma tête de la sienne, je me plaçai sur son chevet, et je recueillis avec un affreux plaisir le souffle qui sortait de son sein.

L'espèce de bonheur dont je jouissais en me trouvant appuyé sur le même chevet qu'Adélaïde, la fatigue extrême et les veilles des jours précédens, me firent succomber malgré moi, non au sommeil, mais à un accablement profond qui m'ôta l'usage de mes facultés. Toutes mes forces étaient épuisées, tous mes sens étaient émoussés; à force d'avoir souffert, je ne sentais plus mes maux, et j'éprouvais ce repos horrible que donne l'anéantissement. Mes yeux cependant ne se fermèrent pas : mes yeux ne se détachèrent point d'elle, puisque je crus la voir; je la vis en effet tourner la tête, me regarder, se soulever doucement, s'appuyer avec peine sur son coude; et fixant ses regards sur moi, elle me dit ces paroles qu'il me semble encore entendre :

Mon bien-aimé, je vais vous quitter, je vais vous quitter pour toujours. Je vous remercie de m'avoir aimée; vous avez rendu heureux tout le temps de ma vie où je vous ai connu. Je meurs, mon ami; mais je suis bien sûre que je ne mourrai point dans votre cœur, et qu'une autre n'y prendra jamais ma place. Pour moi, si, comme je l'espère, on peut aimer encore après la mort, mon ame, en attendant la vôtre, s'occupera toujours de vous, suivra vos pas, vous environnera sans cesse, sera le témoin assidu de vos actions, de vos sentimens. Pensez-y toutes les fois que vous pleurerez votre amie; vos larmes en seront moins amères. Adieu, adieu, mon ami; ma mort n'est point douloureuse, puisque je meurs presque entre vos bras. Elle serait plus douce encore, si je pouvais vous dire : Adieu, mon époux. Recevez ce titre, mon bien-aimé : je vous le donne en ce moment; j'en prends à témoin Dieu qui nous voit toujours, et la mort qui est sur ma tête. La voilà, je la sens. Recevez vite, mon époux, cet anneau que je porte depuis mon enfance, et que je vous donne en gage de ma foi. Recevez encore ce baiser de votre épouse; c'est le premier et le dernier qu'elle ait donné.

A ces mots je sentis ses lèvres se poser doucement sur mon front, et une larme brûlante tomber de ses yeux sur ma joue. Je revins aussitôt à moi; je la regarde.... elle n'était plus. Elle n'était plus, Némorin; et je me trouvai l'anneau qu'elle avait porté dès l'enfance, et je sentis sur mon visage la larme brûlante tombée de ses yeux....

Je me lève, je m'écrie, je la nomme mon épouse, je la presse contre mon cœur. Delphine éveillée veut en vain me calmer; je repousse loin de moi Delphine. Elle redouble ses efforts; elle craint l'arrivée de son père; elle commande aux valets qui accourent de m'arracher du corps de sa sœur. On me saisit, on veut m'emporter; je me jette, je m'attache à la terre; je me traîne jusqu'à ce lit, contre lequel je frappe ma tête; mon sang se mêle à mes pleurs, et ruisselle sur mon visage. Delphine me demande à genoux de la suivre hors de cette chambre. Elle me fait sortir du château; et, craignant la fureur de son père instruit par tant de témoins, elle exige de moi le serment de m'éloigner de ce lieu de douleur. Je lui devais ce serment. J'allai me cacher dans les bois voisins, accablé d'une douleur stupide, incapable d'avoir une idée, errant la nuit dans les cavernes en poussant des cris affreux, en appelant Adélaïde, et me couchant tout le jour le visage contre la terre pour ne plus voir le soleil.

Enfin je sortis de ces bois. J'allai de village en village, me plaignant partout de mes maux, demandant du pain qu'on me donne comme à un malheureux insensé. J'appris hier que les Espagnols nous avaient déclaré la guerre, qu'ils parcouraient notre patrie le fer et la flamme à la main. Je les cherche pour qu'ils me tuent.

Voilà quel est mon sort, ami : crois-moi, pleure Adélaïde, mais ne cherche pas à me consoler.

Tel fut le récit d'Isidore. Némorin, sans lui répondre, le presse long-temps dans ses bras. Résolus de ne plus se quitter, les deux infortunés se lèvent, et vont se remettre en marche, lorsqu'un bruit qu'ils entendent derrière la haie contre laquelle ils étaient assis leur fait tourner les yeux de ce côté. Ils aperçoivent un guerrier debout, qui fixait sur eux des yeux attendris.

Ce guerrier, à peine âgé de dix-neuf ans, était d'une taille haute et svelte; son visage, doux et beau, avait toutes les graces de la jeunesse; ses longs cheveux noirs tombaient en tresse sur son armure; son casque était à ses pieds; une écharpe blanche, semée de fleurs de lis d'or, soutenait sa riche épée. Tout annonçait qu'il était prince; et ses yeux, ses traits, son air de grandeur, de courage et de bonté, disaient que c'était un héros.

Les deux pasteurs saisis de respect se retiraient en silence, quand le prince s'avançant vers eux :

Demeurez, bergers, leur dit-il; je n'aime à voir fuir devant moi que les ennemis de la France. Caché parmi ces arbustes, je viens d'entendre vos discours; j'ai donné des larmes à vos malheurs, je vous demande d'accepter de moi toutes les consolations que mon amitié peut offrir. Je suis né prince, mais je suis homme; et mon cœur rapproche de moi tous ceux que ma fortune en éloigne. Rassurez-vous donc, pasteurs, et daignez avoir confiance aux paroles de Gaston de Foix.

A ce grand nom de Gaston, les deux bergers mirent un genou en terre. Gaston, neveu de Louis XII, était gouverneur de l'Occitanie, sa justice et sa bonté le rendaient cher à toute la province. Il n'était pas un berger qui n'eût entendu parler de Gaston; tous savaient que c'était à lui qu'ils devaient le bonheur dont ils jouissaient. La mère qui, chaque matin, enseignait à son enfant à remercier l'Être suprême, lui apprenait en même temps à bénir le nom de Gaston.

Le prince se hâta de relever les bergers. Que je me sais gré, leur dit-il, de m'être éloigné de mon camp pour respirer ici la fraîcheur du matin ! Hier j'ai secouru deux infortunés ; Dieu m'en donne la récompense en m'en adressant deux autres.

A ces mots il tend la main aux bergers, qui la baignent de leurs larmes. Ne me quittez plus, ajouta Gaston, venez avec moi défendre vos frères. Le vertueux Louis, jugeant du cœur des rois par le sien, a pensé que les traités étaient plus sûrs que les conquêtes ; il est puni de sa confiance. Le perfide roi d'Aragon vient d'envoyer une armée sous la conduite du vaillant Mendoze. La moitié du Languedoc est ravagée ; Mendoze est déjà sous les murs de Nîmes. Je vais mourir ou les défendre. Suivez-moi, braves pasteurs ; changez vos houlettes contre des lances ; et que la gloire de servir utilement la patrie vous console d'avoir en vain servi l'amour.

Il dit : les deux bergers, décidés à ne plus quitter le héros, prennent avec lui la route de son camp.

FIN DU CINQUIÈME LIVRE.

LIVRE SIXIÈME.

O GRANDEUR, que tu es belle quand la vertu te rend utile! Que le spectacle de l'homme puissant occupé de secourir ses frères est doux pour une ame sensible! Combien de fois j'en ai joui! combien j'ai vu d'infortunés environner en pleurant celui qui finissait leurs peines; celui qui, né dans la pourpre royale, abandonne son palais pour voler à leur chaumière, pour la rétablir si elle est détruite, pour y ramener l'abondance! Je le vois tous les jours, ce mortel bienfaisant, parcourir ses immenses domaines, et choisissant pour s'y rendre l'instant où le pauvre a besoin de lui. Là où l'hiver est plus rigoureux, où le feu vient d'exercer son ravage, où des fleuves débordés ont emporté l'espoir du laboureur, c'est là qu'il faut sûrement l'attendre. Occupé de suivre le malheur, il arrive presque aussitôt que lui pour en effacer les traces. Il paraît, et le pauvre est riche, l'infortuné sèche ses larmes, l'opprimé rentre dans ses droits. C'est pour eux qu'il aime son rang, c'est pour eux qu'il a des richesses. Sa récompense est son bienfait même, surtout quand il reste ignoré. Ah! que sa modestie se rassure; mon respect et mon amour m'empêcheront de le nommer.

Isidore et Némorin, guidés par l'aimable prince qui s'intéressait à leur sort, suivaient en silence la route de son camp, lorsque le jeune Gaston, pour les distraire de leurs maux, les entretient de leur patrie, des avantages qui la distinguent des autres États de Louis, et de cette ville célèbre où tous les ans les troubadours vont disputer l'églantine d'or, la violette, le souci, qui sont le prix du génie. Le prince ignorait l'origine de cet usage fameux; Némorin, pour la lui apprendre, chante la romance de Clémence Isaure.

CLÉMENCE ISAURE,

ROMANCE.

A Toulouse il fut' une belle;
Clémence Isaure était son nom :
Le beau Lautrec brûla pour elle,
Et de sa foi reçut le don.
Mais leurs parens, trop inflexibles,
S'opposaient à leurs tendres feux :
Ainsi toujours les cœurs sensibles
Sont nés pour être malheureux.

Alphonse, le père d'Isaure,
Veut lui donner un autre époux;
Fidèle à l'amant qu'elle adore,
Sa fille tombe à ses genoux :
Ah! que plutôt votre colère
Termine des jours de douleur!
Ma vie appartient à mon père,
A Lautrec appartient mon cœur.

Le vieillard, pour qui la vengeance
A plus de charmes que l'amour,
Fait charger de chaînes Clémence,
Et l'enferme dans une tour :
Lautrec, que menaçait sa rage,
Vient gémir au pied du donjon,
Comme l'oiseau près de la cage
Où sa compagne est en prison.

Une nuit, la tendre Clémence
Entend la voix de son amant,
A ses barreaux elle s'élance,
Et lui dit ces mots en pleurant :
Mon ami, cédons à l'orage;
Va trouver le roi des Français :
Emporte mon bouquet pour gage
Des sermens que mon cœur t'a faits.

L'églantine est la fleur que j'aime,
La violette est ma couleur,
Dans le souci tu vois l'emblème
Des chagrins de mon triste cœur.

Ces trois fleurs que ma bouche presse
Seront humides de mes pleurs ;
Qu'elles te rappellent sans cesse
Et nos amours et nos douleurs.

Elle dit, et par la fenêtre
Jette les fleurs à son amant ;
Alphonse, qui vient à paraître,
Le force de fuir tout tremblant.
Lautrec part : la guerre commence
Et s'allume de toutes parts ;
Vers Toulouse l'Anglais s'avance,
Et brûle déjà ses remparts.

Sur ses pas Lautrec revient vite :
A peine est-il sur le glacis,
Qu'il voit des Toulousains l'élite
Fuyant devant les ennemis.
Un seul vieillard résiste encore,
Lautrec court lui servir d'appui :
C'était le vieux père d'Isaure :
Lautrec est blessé près de lui.

Hélas! sa blessure est mortelle ;
Il sauve Alphonse et va périr,
Le vieillard fuit ; Lautrec l'appelle,
Et lui dit avant de mourir :
Cruel père de mon amie,
Tu ne m'as pas voulu pour fils ;
Je me venge en sauvant ta vie,
Le trépas m'est doux à ce prix.

Exauce du moins ma prière;
Rends les jours de Clémence heureux;
Dis-lui qu'à mon heure dernière
Je t'ai chargé de mes adieux.
Reporte-lui ces fleurs sanglantes,
De mon cœur le plus cher trésor,
Et laisse mes lèvres mourantes
Les baiser une fois encor.

En disant ces mots il expire.
Alphonse, accablé de douleur,
Prend le bouquet, et s'en va dire
A sa fille l'affreux malheur.
En peu de jours la triste amante,
Dans les pleurs terminant son sort,
Prit soin, d'une main défaillante,
D'écrire un testament de mort.

Elle ordonna que chaque année,
En mémoire de ses amours,
Chacune des fleurs fût donnée
Aux plus habiles troubadours.
Tout son bien fut laissé par elle,
Pour que ces trois fleurs fussent d'or :
Sa patrie, à son vœu fidèle,
Observe cet usage encor.

Némorin achevait sa romance, lorsqu'ils arrivèrent au camp du héros. Les deux pasteurs s'arrêtent à cette vue. Ces faisceaux de lances brillantes, ces pavillons dont les banderoles flottaient dans les airs, ces drapeaux, ces étendards, tout cet appareil guerrier les remplissait d'admiration. Le prince s'en aperçut :

Bergers, leur dit-il, voilà nos cabanes : elles sont moins paisibles que les vôtres ; mais l'amour les habite aussi. Au milieu du tumulte des armes, nous soupirons ici comme vous, et comme vous nous sommes fidèles.

Comme il parlait, il voit venir au-devant de lui les principaux chefs de l'armée, le brave Narbonne, le jeune Bernis, le prudent Crussol, l'aimable Duroure. Ces vaillans guerriers, dont les nobles aïeux furent l'honneur de l'Occitanie, amènent à leur général un soldat de la garnison de Nîmes, blessé et haletant de fatigue. Ce soldat remet à Gaston une lettre de Talleyrand, le gouverneur de la ville, et raconte que, poursuivi par les Espagnols, dont il a traversé le camp, il a reçu deux coups d'arbalète, qui n'ont pas arrêté sa course. Le prince comble de ses dons le soldat, et commande à Némorin d'avoir soin de ses blessures.

Le berger n'avait pas besoin de cet ordre ; il a reconnu ce jeune envoyé ; c'est Hilaric, c'est l'aimable enfant qui conduisit Estelle au beau vallon. Némorin l'embrasse mille fois. Dès que ses blessures sont pan-

LIVRE VI.

sées, il lui demande quels événemens l'ont fait sortir de sa patrie, depuis quel temps il a quitté Massane: il n'ose prononcer le nom d'Estelle, mais il multiplie ses questions sur tout ce qui a rapport à cette bergère.

Tu ignores donc nos malheurs? lui répondit Hilaric. Un détachement de l'armée espagnole a pénétré dans nos retraites, ravagé nos biens, brûlé nos maisons....

Que dis-tu! s'écria Némorin : et tu ne me parles pas d'Estelle!

Elle a fui, répond Hilaric, avec la plupart de nos habitans. Estelle, Méril, Marguerite, le vieux Raimond, Rose et moi, nous sommes venus chercher un asile dans les murs de Nîmes. Mais le terrible Mendoze est arrivé dès le lendemain; Mendoze a bloqué la ville. Notre gouverneur va manquer de vivres; il a fait demander un soldat qui voulût tenter de passer à travers le camp espagnol pour porter une lettre à Gaston; je me suis offert. J'ai réussi, et votre prince est instruit que, s'il tarde encore deux jours, Nîmes est forcé de se rendre. Ainsi parla le jeune Hilaric. Némorin lui fait répéter qu'Estelle est échappée à tous les dangers. Il apprend avec un plaisir mêlé d'amertume que Méril n'est occupé que du bonheur de son épouse; qu'il a plusieurs fois exposé sa vie pour la défendre dans sa fuite, et que, depuis son arrivée à Nîmes, aucun soldat n'a montré plus de zèle, plus de valeur que Méril.

Pendant que Némorin applaudissait aux qualités de son rival, Gaston assemblait son conseil de guerre, et décidait la bataille contre Mendoze. Tous les obstacles sont prévus, toutes les heures sont calculées ; mais il était important d'envoyer cette nuit même au gouverneur de la ville, afin qu'il préparât une sortie qui devait assurer la victoire. Hilaric, blessé, ne pouvait plus retourner à Nîmes. Il fallait qu'un autre envoyé fît, avant le jour, douze lieues, et pût échapper aux gardes ennemies. L'entreprise était périlleuse, Némorin se présente.

Gaston l'embrasse, et lui remet une lettre pour Talleyrand. Isidore ne veut point quitter son ami ; tous deux s'arment d'une lance, et se mettent en marche aussitôt.

Animés par tous les motifs qui ont du pouvoir sur les ames ardentes, les deux amis franchissent en six heures le long espace qu'ils ont à parcourir. Le premier crépuscule ne paraissait point encore qu'ils étaient près du camp espagnol. Pour l'éviter ils prennent un circuit, et vont gagner le côté de la ville qu'ils croient le moins gardé.

Mais le prudent Mendoze, qui craignait d'être surpris par Gaston, avait couvert tout le pays de grandes gardes. Les malheureux bergers s'avançaient derrière une longue haie qui leur dérobait la vue d'un poste des ennemis. Tout à coup ils sont vis-à-vis le poste, et se voient enveloppés par huit soldats qui leur crient de se rendre. Isidore perce de sa lance le premier qui s'offre à ses coups; Isidore tombe noyé dans son sang. Némorin veut le défendre, il reçoit une large blessure; et tandis qu'il s'efforçait de relever son compagnon, on se jette sur lui, on le désarme.

Ami, lui dit Isidore, félicite-moi : je meurs, je vais rejoindre Adélaïde. Mon seul regret est de te laisser dans le péril qui te menace, ma seule peine.... Il ne peut achever, il expire. Les Espagnols entraînent Némorin, qui demande à être conduit au général!

Arrivé devant Mendoze, environné de toutes parts, il tire la lettre de Gaston; et regardant l'Espagnol avec respect et courage : Seigneur, dit-il, j'ai juré de souffrir la mort plutôt que de vous livrer ce billet. Ouvrez donc mon sein pour le lire.

En prononçant ces mots il déchire la lettre et en avale les morceaux.

Aussitôt un cri général se fait entendre, et mille glaives sont levés sur Némorin. Mendoze les écarte tous.

Arrêtez, s'écria-t-il, arrêtez, braves Castillans,

respectez une belle action que vous auriez faite sans doute. Le courage sans défense fut toujours sacré pour les Espagnols. Et toi, jeune et vaillant soldat, retourne vers celui qui t'envoie; dis-lui que ma vigilance a dû te fermer le chemin de Nîmes; mais que, sans daigner être inquiet de ses desseins mystérieux, Mendoze lui propose un moyen de délivrer la ville assiégée. Qu'en présence de nos deux armées il entre dans la lice avec moi seul. S'il est vainqueur, le siège sera levé; je lui en donne ma foi : s'il est vaincu, je lui demande sa parole que la ville me sera rendue.

Après ces mots, il fait panser la blessure de Némorin, et commande une escorte pour le reconduire.

Némorin, pénétré d'admiration pour Mendoze, mais désolé d'avoir manqué son entreprise, et surtout de la perte de son ami, demande au général espagnol qu'on rende au moins à Isidore les honneurs de la sépulture. Après avoir obtenu ce triste bienfait, il se hâte de quitter le camp, et rejoint bientôt Gaston, qui s'avançait d'un pas rapide.

Il arrive, étend son armée dans la belle plaine de Vistre, envoie déclarer à Mendoze qu'il accepte ses conditions, et demande le jour du combat, l'heure, les armes, le lieu. L'Espagnol lui répond : Demain, aux premiers rayons du soleil, avec l'épée et le poignard, en présence des deux armées. La barrière aussitôt se dresse ; les deux guerriers se préparent, les deux camps adressent des vœux au ciel.

Dès que l'aurore ouvre l'orient, on voit les remparts de Nîmes bordés de soldats. Le sommet des arènes, le faîte des temples et des maisons se couvrent d'une multitude de peuple. Les lances espagnoles brillent sur le sommet de la Tour-Magne. Différens postes français ou castillans occupent le haut des collines ; et les montagnes lointaines sont garnies des habitans de la contrée, qui lèvent les mains au ciel, en l'implorant pour leur défenseur.

A l'heure marquée les Espagnols sortent de leur camp. Couverts de brillantes cuirasses qui réfléchissent les feux du soleil, ils marchent en ordre dans la plaine, et déploient avec lenteur leurs bataillons hérissés de dards. Un profond silence règne parmi eux. Immobiles à leur place, occupés seulement d'obéir, ils ne regardent que leurs chefs. La valeur et l'orgueil se peignent sur leurs visages basanés ; une gravité noble et farouche tempère leur ardeur guerrière.

Les Français quittent leurs tentes. Leurs légers bataillons courent se ranger vis-à-vis les ennemis. Chefs, soldats sont confondus ; l'égalité de courage, la franchise, la gaieté nationale, les rendent tous compagnons. Appuyés négligemment sur leurs lances, ils semblent assister à des jeux. Sans haine comme sans crainte, ils sourient à leurs ennemis, les avertissent que Gaston est redoutable, et semblent plaindre Mendoze d'avoir provoqué ce jeune héros. Les Castillans frémissent. Les Français rient, et chantent cette chanson :

>Gaston, le sort de la patrie
>Est remis à votre valeur;
>Songez à votre douce amie
>En entrant au champ de l'honneur,
>Il est une triple alliance
>Qui vous garantit le succès :
>On vit toujours d'intelligence
>L'amour, la gloire et les Français.

>Qu'un ennemi, qu'une coquette,
>Tous deux dès long-temps aguerris,
>Veuillent retarder la conquête
>De leur cœur ou de leur pays;
>Inutile est leur résistance :
>Tous deux conviennent, à la paix,
>Qu'on vit toujours d'intelligence
>L'amour, la gloire et les Français.

>La belle qui n'est plus sévère
>Dès ce moment règne sur nous;
>L'ennemi qui cesse la guerre
>Nous trouve généreux et doux.

Ceux qu'a vaincus notre puissance
Éprouvent tous, par nos bienfaits,
Qu'on vit toujours d'intelligence
L'amour, la gloire et les Français.

Mais bientôt Mendoze paraît sur un coursier d'Andalousie, qui, retenu par la main de son maître, fait voler au loin l'écume dont il blanchit son frein doré. Les pierreries brillent sur ses armes, un panache rouge ombrage son casque, une écharpe de même couleur soutient son glaive étincelant. Il s'avance au pas, d'un air fier, se fait ouvrir la barrière, laisse son coursier à l'entrée, se promène en attendant Gaston.

Ce prince accourait au galop. Des plumes blanches flottent sur sa tête; son armure d'acier poli a plus d'éclat que le diamant. Sur son bouclier l'on voit un chiffre amoureux : ce même chiffre est brodé sur son écharpe éblouissante. Prompt comme l'éclair, il vole, arrive, s'élance à terre, salue Mendoze, et demande le signal.

Les trompettes sonnent : les deux ennemis, l'épée d'une main, le poignard de l'autre, s'attaquent avec fureur.

Gaston, plus impétueux que son vaillant adversaire, lui porte dans le même instant quatre coups de pointe, qui sont tous parés. Mendoze à son tour presse Gaston, lui présente l'épée au visage; et la rabaissant vivement par dessus le fer de son ennemi, il atteint son flanc : le sang coule.

A cette vue, les Français pâlissent, les Espagnols jettent un cri de joie. Mais l'adroit Gaston, au moment où il est frappé, détourne son corps, rend par ce mouvement sa blessure peu profonde; et, déployant son bras gauche, il porte un coup de poignard à la gorge de son ennemi. Le poignard se brise dans la cotte de mailles ; le sang de Mendoze n'en rougit pas moins ses armes, et les Français, à leur tour, répondent aux cris des Castillans.

Gaston n'a plus que son épée. Mendoze s'en aperçoit et jette aussitôt son poignard : Prince, dit-il, point d'avantage ; que nos armes soient égales aussi bien que notre valeur.

En disant ces mots, il attaque Gaston, et lui porte un coup sur la tête qui fait chanceler le héros. Gaston recule, s'élance de côté, et, réunissant toutes ses forces, il fait tomber sa tranchante épée sur le casque de l'Espagnol. Le casque brisé roule sur la poussière : Mendoze lui-même va toucher la terre de sa main gauche, mais il se relève plus terrible. Arrêtez, lui crie Gaston, le péril ne serait plus égal.

Il dit, détache son casque, le jette, et continue le combat.

Les deux armées, saisies d'admiration, tremblaient toutes deux pour leurs vaillans chefs. Leurs têtes n'étaient plus couvertes que par leur épée, et leurs coups multipliés glaçaient de terreur les plus braves, quand tout à coup on voit arriver un courrier qui s'avance vers la barrière de toute la vitesse de son cheval, et crie aux deux héros de s'arrêter.

A ces cris, à ceux des armées, Mendoze et Gaston, surpris, interrompent leur combat. Le courrier, au nom du roi de France, se fait ouvrir la barrière, et va remettre à Gaston une lettre de Louis. Le prince, après l'avoir lue, jette son épée :

Plus de guerre, s'écrie-t-il ; nos deux monarques cessent d'être ennemis. Germaine, ma sœur, épouse votre maître, et devient le garant d'une paix durable entre Louis et Ferdinand. C'est à moi surtout que cette paix est chère, puisque je préfère l'amitié de Mendoze à la gloire même de lui résister.

Il dit. Le héros espagnol, touché de tant de courtoisie, veut baiser avec respect la main du frère de sa reine. Gaston l'embrasse ; et ces deux guerriers sortent de la lice pour aller déclarer la paix.

Cette heureuse nouvelle est bientôt répandue. Mille cris de joie s'élèvent jusqu'aux cieux. Les portes de la ville s'ouvrent ; les habitans viennent offrir leurs maisons aux Français, aux Espagnols. Les deux généraux, se tenant par la main, à la tête des deux armées confondues, entrent ensemble dans Nîmes, au milieu des acclamations. Tous deux sont conduits chez Talleyrand, où leurs blessures sont pansées. Leurs soldats sont distribués chez les citoyens, et la discipline la plus austère empêche qu'aucun désordre ne trouble ce jour d'allégresse.

Némorin, seul infortuné au milieu de tant d'heureux, n'avait pas quitté Gaston. Dès que ce prince fut retiré dans son palais, le triste Némorin va parcourir la ville, désirant et craignant de rencontrer Estelle. Il n'ose s'informer d'elle, il tremble de prononcer son nom; mais il demande à tous ceux qu'il voit s'ils ne connaissent point Marguerite. On l'écoute à peine, on ne lui répond point : soldats, citoyens, étrangers, ne sont occupés que de la joie publique.

Le berger employa tout le jour à son inutile recherche. Le soir il errait encore dans la ville, lorsque, passant auprès de l'antique temple de Diane, il se trouve tout à coup au milieu d'un cimetière où plusieurs fosses récentes rappelaient les malheurs du siège. Némorin s'arrête dans ce lieu funeste : il s'assied sur une vieille tombe; et là, les yeux fixés sur cette terre, seul asile où les malheureux soient en paix, environné des ombres de la nuit, entouré d'images funèbres, Némorin écoute en silence les cris d'un hibou solitaire, posé près de lui sur une croix de fer. Il éprouve un charme secret à se livrer tout entier à sa profonde tristesse; mais il entend à quelques pas des soupirs et des gémissemens. Le berger écoute, lève les yeux, et distingue à travers les ténèbres une femme en habit de deuil, à genoux sur une fosse, les mains jointes, la tête couverte d'un crêpe. Némorin s'avance vers elle; il l'entend prononcer ces paroles:

O toi qui possédas de mon cœur tout ce qu'il pouvait t'accorder, toi qui voulus me rendre heureuse, et dont je n'ai pas fait le bonheur, pardonne, mon digne époux, pardonne-moi de m'être toujours dérobée à ton chaste amour, d'avoir accepté le sacrifice de tes pudiques désirs. Je l'ai dû; je n'étais pas digne de toi. Tu méritais une épouse dont le cœur t'appartînt tout entier; et le mien ne put jamais éteindre la première flamme dont il a brûlé. Ah! du moins, si de ta céleste demeure tu lis dans le fond de mon ame, tu ne peux pas douter, mon époux, de la sincérité de mes regrets. Les larmes amères qui baignent ta tombe doivent te prouver que mon respect et mon amitié pour toi m'étaient aussi chers que mon premier amour.

A ces paroles, à ce son de voix, Némorin croit faire un songe; immobile, hors de lui, il écoute long-temps avant d'être certain que c'est Estelle.

Lorsqu'il n'en peut plus douter, il s'élance vers la bergère, tombe à ses pieds, et s'écrie avec des sanglots : Est-ce vous qui m'êtes rendue ? Est-ce bien vous dont Némorin embrasse enfin les genoux ?

Estelle, d'abord effrayée, reconnaît bientôt le pasteur ; mais sans lui laisser le temps de poursuivre : Vous êtes, dit-elle d'une voix sévère, sur la tombe de Méril, et vous parlez à sa veuve ! Elle ne doit ni ne veut vous entendre.

Elle fuit en disant ces mots. Némorin, pénétré de crainte, demeure à genoux sur cette tombe, la bouche ouverte et les bras tendus.

Cependant le désir de connaître la demeure d'Estelle le fait revenir à lui ; il se lève, court sur ses pas, et la voit entrer dans une maison de peu d'apparence, que le berger examine long-temps. Enfin, le cœur plein de trouble, n'osant encore se livrer à l'espoir, il revient au palais de Gaston tout raconter à son protecteur.

Le prince consola le berger. Il fit plus ; il prit des mesures pour assurer le bonheur d'Estelle et de Némorin.

Déjà ses ordres sont donnés pour que les habitans de Nîmes se rassemblent dans les arènes. Gaston prend soin secrètement que le vieux Raimond s'y trouve avec eux. Le prince, suivi de ses officiers et

Estella P. 151.

de Némorin, se présente au milieu de ce peuple sensible, qui fait éclater ses transports en voyant son libérateur.

Citoyens, leur dit-il, j'ai combattu pour vous, mais c'est le meilleur des rois qui vous délivre: c'est lui qui vous donne la paix. Vous devez tout à Louis, rien à Gaston. Prions ensemble le ciel de nous conserver long-temps le père du peuple.

J'implore cependant votre reconnaissance pour un de vos compatriotes, qui, chargé par moi de vous instruire du jour de mon arrivée, fut pris par les Espagnols, et voulut souffrir la mort plutôt que de livrer la lettre que je vous adressais. Le voici ce vertueux soldat, ajouta-t-il en montrant Némorin : il n'est qu'un seul prix digne de son cœur ; c'est à toi, Raimond, que je le demande. Némorin adore ta fille. La mort glorieuse de Méril la laisse maîtresse de sa foi ; acquitte donc ta patrie, en donnant Estelle à son digne amant. Gaston de Foix t'en supplie : Gaston ne veut rien commander ; mais il vous sollicite tous de vous unir à lui pour fléchir Raimond.

Il dit : le peuple s'écrie. Raimond va se jeter aux pieds du prince ; Némorin y était déjà. Le héros les relève et les fait embrasser.

Me pardonnez-vous ma félicité? dit le pasteur au vieillard avec une voix tremblante. Ma fille est à toi, répond celui-ci : mais tu consentiras sans doute que cet hymen soit retardé... Jusqu'au moment, interrompit Némorin, que l'ancien ami de Méril daignera fixer lui-même.

Alors il lui demanda sa bénédiction. Raimond la lui donne. Toute l'assemblée applaudit, et Gaston la congédie en ces termes :

Je vous quitte, citoyens, pour aller réparer les maux de la guerre, pour aller porter des secours dans les villages détruits. Némorin, vous me seconderez ; je vous charge de distribuer mes trésors aux habitans de Massane. Allez rebâtir leurs maisons, rendez-leur de nouveaux troupeaux, soulagez, secourez tous les malheureux, et ne craignez pas d'épuiser mes biens : je ne suis riche que lorsque je donne.

A ces mots le héros se retire pour se dérober aux transports de la reconnaissance et de l'amour. Il va rejoindre Mendoze, et part avec ce guerrier, qui doit remettre dans ses mains les places prises pendant la guerre.

O quelle fut la joie de Rose et de Marguerite quand elles virent arriver Némorin conduit par Raimond ! Estelle fut près de s'évanouir au récit de tout ce qui s'était passé. Sa rougeur et son silence furent sa seule réponse. Némorin, respectant ses habits de deuil, ne prononça pas un seul mot qui pût déplaire à sa bergère. Intimidé par son bonheur même, à peine osait-il regarder Estelle : à peine semblait-il se souvenir qu'il eût été jamais aimé. C'était à Rose qu'il en parlait ; c'était de la seule Rose qu'il avait l'air d'être l'amant.

Dès le lendemain ils quittèrent Nimes, et emmenèrent avec eux Hilaric. Bientôt ils arrivèrent à Massane. Depuis ce moment, Némorin ne fut occupé que de répandre les bienfaits de Gaston. Il rebâtit les chaumières, fit ensemencer les terres, rappela les cultivateurs ; et, pour que les jours s'écoulassent plus vite, il les employa tous à faire du bien.

Enfin la longue année du deuil finit, et l'heureux Némorin devint l'époux d'Estelle. Rose les conduisit à l'autel ; Rose pouvait à peine contenir ses transports. Elle arrêtait, elle appelait tous ceux qu'elle trouvait sur son passage, pour leur faire admirer Estelle, pour leur parler de ses vertus, de ses chagrins passés, de son bonheur présent. De douces larmes coulaient sur ses joues ; et lorsque la tendre Estelle prononça le serment si doux d'aimer toujours Némorin, malgré la sainteté du lieu Rose ne put contenir un cri de joie, et s'élança au cou de son amie.

Dès ce même jour Rose s'établit dans la maison d'Estelle. Marguerite et Raimond, toujours chéris, toujours respectés de cette aimable famille, coulèrent au milieu d'eux une vieillesse longue et paisible. La paix, l'amitié, l'amour, furent l'héritage qu'ils laissèrent à leurs enfans, dont la postérité subsiste encore dans le beau pays où j'ai pris naissance.

Heureuse partie, d'où la fortune m'a exilé, et qui n'en es pas moins chère à mon cœur, je t'aurai du moins célébrée! Je t'aurai consacré les derniers accens de ma flûte champêtre! Oui, j'en jure par ton nom chéri, je dis un éternel adieu à la muse pastorale. Je ne veux point que d'autres airs profanent le chalumeau sur lequel j'ai chanté mon pays. Eh! quel sujet pourrait me plaire, à présent que j'ai dépeint ces campagnes riantes où les beautés de la nature m'ont ému pour la première fois? Beaux vallons, fortunés rivages, où, jeune encore, j'allais cueillir des fleurs! Beaux arbres que mon aïeul planta, et dont la tête touchait les nues, lorsque, courbé sur son bâton, il me les faisait admirer! Ruisseaux limpides qui arrosez les prairies de Florian, et que je franchissais dans mon enfance avec tant de peine et tant de plaisir, je ne vous verrai plus. Je vieillirai tristement éloigné du lieu de ma naissance, du lieu où reposent mes pères; et si je parviens à un âge avancé, le beau soleil de mon pays ne ranimera pas ma faiblesse. Ah! que ne puis-je au moins espérer que ma dépouille mortelle sera portée dans le vallon où, enfant, j'ai vu bondir nos agneaux! Que ne puis-je être certain de reposer sous le grand alizier où les bergères du village se rassemblent pour danser? Je voudrais que leurs mains pieuses vinssent arroser le gazon qui couvrirait mon tombeau; que l'amant et la maitresse le choisissent toujours pour siège; que les enfans, après leurs jeux, y jetassent leurs bouquets effeuillés; je voudrais enfin que les bergers de la contrée fussent quelquefois attendris en y lisant cette inscription :

> Dans cette demeure tranquille
> Repose notre bon ami :
> Il vécut toujours à la ville,
> Mais son cœur fut toujours ici.

FIN.

NOTES.

Le Languedoc, ou l'Occitanie, l'une des plus belles et des plus vastes provinces de France, était anciennement habité par les peuples nommés Volces. Ils furent conquis par les Romains, sous le consulat de Quintus Fabius Maximus, l'an de Rome 634. Ce pays fut alors appelé la province romaine; et depuis, quand toutes les Gaules eurent été soumises par César, le Languedoc prit le nom de Gaule narbonnaise ou transalpine. Les Romains, toujours attentifs à s'attacher par leurs arts les peuples vaincus par leurs armes, envoyèrent des colonies en Languedoc. Ils y portèrent leur religion, leur langue, leurs mœurs: ils y bâtirent des villes nouvelles, rétablirent les anciennes, et prirent soin de les embellir de cirques, de temples, de chefs-d'œuvre d'architecture, tels que les arènes, la maison carrée de Nîmes, le pont du Gard, et plusieurs autres monumens que l'on admire encore. Attirées par la beauté du climat, les familles des vainqueurs vinrent en foule s'établir dans la Narbonnaise; et les vaincus, à leur tour, allèrent chercher les honneurs à Rome, où, dès le temps de Cicéron, ils étaient admis en grand nombre dans le sénat.

Tantôt heureuse, tantôt opprimée, suivant que le trône du monde était occupé par un bon prince ou par un monstre, la Narbonnaise souffrit ou profita des révolutions de l'empire. Elle devint chrétienne sous Commode, vers l'an 180 de notre ère, et presque aussitôt hérétique. Lorsque les successeurs de Théodose, plus occupés de confondre les ariens que de repousser les barbares, eurent laissé démembrer l'empire, la province, après avoir été ravagée par les Vandales, les Alains, les Suisses, les Allemands, tomba au pouvoir des Visigoths, qui choisirent Toulouse pour leur ville capitale, vers l'an 418.

Plus florissante sous leur gouvernement que sous celui des empereurs, la Narbonnaise prit bientôt après le nom de Septimanie, ou d'Espagne citérieure. Malgré les victoires de Clovis, malgré des guerres continuelles avec les Français, elle obéit environ trois cents ans aux rois visigoths établis dans l'Espagne ultérieure. Les Arabes maures, vainqueurs de ces rois et conquérans de l'Espagne, s'emparèrent de la Septimanie vers l'an 720, et ne la gardèrent pas long-temps : vaincus à leur tour à la fameuse bataille de Poitiers, ils repassèrent les Pyrénées; et le fils de Charles Martel, Pepin le Bref, qui occupa le trône de France, se rendit maître de la Septimanie, l'an 759, non par droit de conquête, mais par un traité.

Sous les faibles successeurs de Charlemagne, la malheureuse Septimanie, ravagée tour à tour par les Sarrasins, par les Normands, par les Hongrois, eut des ducs et des marquis, moins occupés de soulager ses maux que de se rendre indépendans des rois de France. Alors, vers l'an 850, commencèrent les Raimond, comtes de Toulouse, qui, de simples gouverneurs sous les premiers rois de la seconde race, parvinrent à posséder toute la province à titre de souveraineté. Plusieurs de ces Raimond furent dignes de leur fortune; mais le plus illustre fut Raimond de Saint-Gilles, quatrième du nom, qui après avoir rendu de grands services à Alphonse IV, roi de Castille, dans ses guerres contre les Maures, en obtint pour récompense sa fille Elvire, et partit pour la Terre Sainte en 1096, à la tête de cent mille hommes. Tous les historiens orientaux parlent plus de ce Raimond de Saint-Gilles, que de Godefroi et d'aucun autre. Après la prise de Jérusalem, des Chrétiens offrirent la couronne à Raimond, qui la refusa. Godefroi fut élu; et se brouilla bientôt avec Raimond. Celui-ci ne l'en aida pas moins à gagner la fameuse bataille d'Ascalon, et, seul avec quatre cents de ses chevaliers, alla soumettre plusieurs villes dont il se fit une principauté. Il bâtit une forteresse nommée le Mont-

Pélerin, où il établit sa demeure. C'est là qu'il mourut en 1105, après dix ans environ de combat et de victoires dans la Palestine.

Ses deux fils Alphonse et Bertrand, qui lui succédèrent l'un après l'autre, suivirent les traces de leur père, et abandonnèrent leurs États d'Europe pour aller combattre et mourir en Asie. Ces braves croisés étaient loin de prévoir sans doute que, trente ans après, le pape Innocent III publierait une croisade contre leur petit-fils Raimond VI; que le barbare Simon de Montfort, chef de cette croisade, égorgerait, pillerait, brûlerait les malheureux Languedociens sous ce même étendard de la croix planté jadis par Raimond IV sur la tour de David; que l'infortuné Raimond VI, pour n'avoir pas voulu exterminer ses sujets, serait excommunié, poursuivi, battu publiquement de verges par un légat, forcé de se croiser avec ses ennemis pour les aider à dévaster ses domaines, chassé de sa capitale avec son fils, et dépouillé de ses possessions pour les voir passer au bourreau de ses sujets. Mais, au milieu de tant d'adversités, Raimond VI fit voir un courage, une patience, une sagesse à toute épreuve. Cédant à l'orage quand il était sans ressource, reprenant les armes dès qu'il trouvait des soldats, soumis à l'Église, fier avec les brigands qui abusaient d'un nom sacré, il reprit Toulouse, recouvra presque tous ses domaines, et mourut chargé d'ans, de malheurs et de gloire.

Son fils, Raimond VII, avait aidé son père à recouvrer ses États. Il sut les défendre contre Amauri de Montfort, et contre Louis VIII, roi de France, à qui Montfort avait vendu ce qu'il ne pouvait plus conserver. L'inquisition, établie dans la province dès l'an 1204, y fut fixée par le concile de Toulouse en 1229. Elle devint une source de nouvelles calamités. Les inquisiteurs abusèrent tellement de leur pouvoir, que Grégoire IX fut obligé de les suspendre de leurs fonctions. Bientôt après, ayant été rétablis, les bûchers se rallumèrent, et les inquisiteurs furent massacrés. Leur mort valut à Raimond de nouveaux ennemis. Il sut conjurer l'orage, et, réconcilié avec le pape, avec le roi saint Louis, il mourut pleuré de ses peuples, qu'il aurait rendus plus heureux sans ses guerres continuelles, et surtout sans l'inquisition.

Raimond VII ne laissa qu'une fille, nommée Jeanne, qui avait épousé Alphonse, comte de Poitiers, frère de saint Louis. A la mort de son père, Jeanne, son unique héritière, porta sa souveraineté dans la maison de France. Alphonse et Jeanne étant morts sans enfans à trois jours l'un de l'autre, le roi Philippe le Hardi, neveu d'Alphonse, vint à Toulouse en 1271, prendre possession de cette belle province, qui depuis a toujours été inviolablement attachée à la couronne de France.

Tel est le précis très-abrégé de l'histoire politique du Languedoc. Quant à ses productions, elles sont partout abondantes et variées. Le haut Languedoc est couvert des plus belles moissons de blé : le bas, moins fertile en grains, produit les excellens vins de Frontignan, de Lunel, de Saint-Perny, de Saint-Gilles, de Cornas, etc. On y cultive les oliviers avec autant de succès qu'en Provence. Les troupeaux qui paissent sur les Cévennes, et la quantité prodigieuse de mûriers, sont les principales richesses du pays. L'Ariège, le Cèze, le Gardon, le Tarn, roulent des paillettes d'or; ce qui prouve que les montagnes renferment des mines de ce métal. Dans plusieurs cantons on trouve des mines de fer, de plomb, d'étain, de cuivre, de jais, de vitriol, de bitume, d'antimoine, de soufre, de charbon de terre. Les carrières de marbre y sont communes ; celles de Cosnes, au diocèse de Narbonne, fournissent en abondance ce beau marbre veiné qui porte le nom de la province. Près de Castres, et dans d'autres endroits, on trouve des turquoises qui ne le cèdent point à celles d'Orient. Les eaux minérales y sont très-communes. Les plus célèbres sont celles de Vals, de Lodève, d'Alais, de Servan, de Balaruc, de Vendres, et une infinité d'autres. Les plantes médicinales y abondent : dans les seuls environs de Montpellier, on en compte plus de trois mille espèces, et les montagnes des Cévennes en offrent bien davantage.

Cette province fut la patrie de plusieurs grands hommes, parmi lesquels, sans compter les Antonin, originaires de Nîmes, les Raimond, dont on a parlé, on peut citer Jaques Ier, roi d'Aragon, qui naquit à Montpellier le 1er février 1208. Il était fils de Marie de Montpellier, héritière de cette seigneurie, et de ce brave Pierre II, roi d'Aragon, tué à la bataille de Muret en défendant son allié, son beau-frère, Raimond VI, contre l'usurpateur Simon de Montfort. Jacques fut digne de son père. Soixante ans de victoires contre les Maures lui valurent le surnom de *Conquérant*, titre véritablement glorieux pour lui, puisqu'il ne l'acquit qu'en délivrant sa patrie des usurpateurs qui l'avaient opprimée. En triomphant de ses ennemis, il sut rendre ses sujets heureux. Il cultiva les arts, les lettres, et nous a laissé des mémoires précieux de sa vie.

Gui Fulcodi, pape sous le nom de Clément IV, était de Saint-Gilles, fils d'un jurisconsulte estimé. Gui suivit d'abord le parti des armes, épousa une jeune demoiselle qu'il aimait, et en eut plusieurs enfans. Il étudia le droit, et s'acquit en peu de temps une grande célébrité. Raimond VII, son souverain, Alphonse, comte de Poitiers et de Toulouse, saint Louis, roi de France, et le roi d'Aragon, l'employèrent dans les affaires les plus délicates. Il perdit sa femme, et se fit ecclésiastique. Il fut bientôt évêque du Puy, archevêque de Narbonne, cardinal, et pape.

Sa nouvelle dignité ne lui donna point d'orgueil. Voici une lettre qu'il écrivait à Pierre de Saint-Gilles, son neveu, après son exaltation.

« L'honneur passager dont je suis revêtu, bien loin d'enor-
« gueillir mes parens ou moi, doit nous rendre plus modestes.
« Ne cherchez pas, à cause de moi, une alliance plus considé-
« rable pour votre sœur. Qu'elle épouse le fils d'un simple che-
« valier : dans ce cas, je vous promets pour elle trois cents li-
« vres tournois de dot. Si elle aspire à quelque parti plus élevé,
« je ne donnerai rien du tout. Dites à mes chères filles Ma-
« bilie et Cécilie que mon intention est qu'elles aient les

« mêmes époux qu'elles auraient eus si j'étais resté simple
« clerc. Elles sont filles de Gui Fulcodi, non du pape : tout
« mon cœur est à elles ; mais ma dignité ne leur est rien, etc. »

Clément conserva une tendre affection pour le Languedoc sa
patrie, et pour ses anciens amis. Il aima les lettres ; il a laissé
quelques écrits et la mémoire d'un pontife irréprochable.

Le fameux Gaston de Foix, qui gagna la bataille de Ravenne,
et mourut à vingt-trois ans avec la réputation du plus grand
capitaine de son siècle, était né à Mazères, dans le diocèse de
Mirepoix, le 10 décembre 1489, de Jean V., comte de Foix,
et de Madeleine de France, sœur de Louis XII. Gaston était
vicomte de Narbonne, et prenait le titre de roi de Navarre. Ses
victoires, sa jeunesse, ses talens extraordinaires, et surtout
ses qualités aimables, le rendirent l'idole des peuples et des
soldats. Louis XII disait de lui : « Gaston est mon ouvrage ;
« c'est moi qui l'ai élevé, et qui l'ai formé aux vertus que nous
« admirons tous en lui. » Ce héros mourut sur ses lauriers à
Ravenne, et cette mort entraîna la perte de l'Italie.

On croit pouvoir placer avec les héros qu'a produits la province, Constance Cézelli, femme de Barri, gouverneur de
Leucate, petite ville du bas Languedoc. Pendant la guerre de
la Ligue, Barri fut pris par les ligueurs. Constance était alors
à Montpellier, sa patrie. Instruite du malheur arrivé à son
époux, elle court s'embarquer à Maguelonne, se rend à Leucate, ranime le courage de la garnison, et prépare la plus vi-
goureuse défense. Les ligueurs et les Espagnols l'attaquent ;
Constance rend tous leurs efforts inutiles. Les lâches assiégeans, irrités d'une résistance qu'ils devaient admirer, font
dresser un gibet, et menacent l'héroïne d'y attacher son époux,
si elle ne rend pas sa ville. Constance, dans cette horrible al-
ternative, offrit tous ses biens, et sa personne même pour la
rançon de son mari. « Ma fortune, ma vie, sont à moi, dit-
« elle ; je les donne volontiers pour mon époux ; mais ma ville
« est au roi, et mon honneur à Dieu : je dois les conserver
« jusqu'au dernier soupir. » Les assiégeans eurent l'atrocité

de faire pendre son mari, et lui envoyèrent son corps. La garnison de Leucate pria sa généreuse commandante de leur livrer un prisonnier de distinction que le duc de Montmorenci avait envoyé, pour en faire de justes représailles. Constance lui refusa ce prisonnier, et se vengea plus noblement des ennemis en les forçant de lever le siège. Henri IV, par reconnaissance, fit Constance *gouverneur* de Leucate jusqu'à la majorité de son fils Hercule. Cette action horrible et sublime se passa en 1590.

Jean du Caylar, de Saint-Bonnet de Toiras, né en Languedoc en 1585, maréchal de France sous Louis XIII, fut regardé comme un des meilleurs capitaines de son temps. Après avoir rendu de grands services, il mourut dans la disgrace, parce qu'il avait déplu au cardinal de Richelieu.

Le chevalier d'Assas, le Décius français, était des environs du Vigan, petite ville des Cévennes. Tout le monde connaît son dévouement héroïque, lorsqu'à Closter-Camp, en 1760, posté près d'un bois, pendant la nuit, avec un détachement du brave régiment d'Auvergne, il entra seul dans ce bois pour le fouiller, et se vit tout à coup environné d'une troupe d'ennemis. Ceux-ci, lui appuyant leurs baïonnettes sur la poitrine, le menacent de la mort s'il dit un seul mot. De ce mot dépendait la surprise de son poste, et vraisemblablement de l'armée. D'Assas n'hésite pas, il crie : *A moi, Auvergne! ce sont les ennemis!* et il tombe percé de coups.

Le roi Louis XVI a consacré la mémoire de cette sublime action, en créant une pension héréditaire dans la maison d'Assas jusqu'à l'extinction des mâles.

On aurait à consigner ici une foule de noms de la province, si on voulait faire la liste de tous les bons officiers qu'elle a produits, et qui servent encore avec honneur dans ces vieux régimens, plus connus des ennemis que des citoyens de la capitale.

Indépendamment de ces guerriers, le Languedoc a produit beaucoup de magistrats célèbres qu'il serait trop long de nom-

mer ici. Le fameux Nogaret, qui servit Philippe-le-Bel avec
tant de zèle dans les démêlés de ce roi avec le pape Boni-
face VIII, était né à Saint-Félix de Caraman, dans le diocèse
de Toulouse. Il s'appliqua, dès sa jeunesse, à l'étude de la ju-
risprudence, et devint successivement professeur des lois à l'u-
niversité de Montpellier, juge-mage de la sénéchaussée de
Beaucaire et de Nîmes, chevalier, chancelier et garde des
sceaux de France. Il ne dut son élévation qu'à ses talens.

Jean Bertrandi, garde des sceaux en 1530, était de Toulouse.
Simple avocat, et député par les États de la province pour
porter au roi le cahier des *doléances*, il fut nommé, l'année
suivante, conseiller au parlement de Paris. Devenu ensuite
premier président du parlement de Toulouse, il obtint l'office
de garde des sceaux, qui fut créé pour lui en 1551 par le roi
Henri II, parce que le chancelier Olivier s'était retiré de la
cour. Bertrandi fut garde des sceaux jusqu'à la mort de Henri:
alors il prit l'état ecclésiastique, devint évêque de Commin-
ges, archevêque de Sens, et cardinal.

Le parlement de Toulouse, institué par Philippe-le-Hardi,
et qui tenait ses séances dès l'an 1280, réuni plusieurs fois à
celui de Paris, ensuite séparé et fixé entièrement en Languedoc par Charles VII en 1448, a presque toujours été présidé
par des magistrats d'un grand mérite. Parmi eux, le célèbre
Duranti tient un des premiers rangs : sa fin mérite d'être ra-
contée.

Lorsque la mort tragique du duc de Guise et du cardinal
son frère, à Blois, eut rempli l'Etat de troubles, la ville de
Toulouse se signala par son attachement à la Ligue et par ses
fureurs contre Henri III. Les Toulousains députèrent un capi-
toul aux Parisiens pour jurer avec eux *l'union*. Ils remirent
l'autorité à dix-huit des plus factieux d'entre eux, comme à
Paris on en avait choisi seize, et envoyèrent par toute la province pour l'exciter à la rébellion.

Duranti, premier président du parlement de Toulouse, et
d'Affis, avocat-général, restèrent fidèles à leur devoir et au

roi. Ils devinrent tous deux l'objet de la haine des dix-huit. Ceux-ci, maîtres de la ville, forcèrent le premier président d'assembler extraordinairement les chambres pour décider si Henri de Valois étant excommunié, le peuple de Toulouse n'était pas délié envers lui du serment de fidélité.

Les avis furent partagés, comme Duranti l'avait prévu ; et ce magistrat rompit l'assemblée sans vouloir rien arrêter. Mais le palais était environné de gens armés. Le premier président, monté dans son carrosse, fut assailli de coups d'épée et de lance; dont aucun ne l'atteignit, par le soin qu'il eut de se baisser au milieu de sa voiture. Son cocher poussait les chevaux à toute bride pour regagner la maison de son maître ; malheureusement il accrocha contre un puits, et la voiture fut renversée. Duranti, obligé de descendre, se réfugie à l'hôtel-de-ville. Le peu qu'il avait d'amis prend aussitôt la fuite : les boutiques se ferment, on tend les chaînes et l'on fait des barricades.

Le parlement, assemblé de nouveau, ordonna que Duranti fût transféré au couvent des Jacobins. Il s'y rendit, escorté de deux évêques ligueurs et de satellites. On mit un corps-de-garde à sa porte, avec ordre de ne permettre à personne de le voir, pas même à sa fille unique. Rose Caulet sa femme, et deux domestiques, eurent permission d'entrer avec lui, à condition de ne plus sortir. On fouilla sa maison, ses papiers ; on ne trouva rien qui pût servir de prétexte au moindre reproche.

Cependant on voulait sa mort. Les factieux armés se rendent aux Jacobins, et tentent d'enfoncer la porte. Ils ne peuvent y réussir ; ils la brûlent, entrent dans le couvent, sans que les gardes, qui étaient de concert avec eux, fassent la moindre résistance. Chapelier, l'un des chefs de ces assassins, aborde le premier président, et lui ordonne de venir répondre au peuple. Duranti se met à genoux, fait sa prière, embrasse sa femme, lui dit adieu, et marche à la mort.

Quand il est arrivé sur la porte brûlée, Chapelier, l'entraînant avec violence, crie à haute voix : *Voici l'homme* « Oui, « ajoute Duranti qui était en robe, et dont le visage serein

« portait l'empreinte de l'innocence, oui, me voici. Quel
« crime ai-je commis pour vous inspirer cette haine implaca-
« ble ? » Ce peu de mots prononcés avec noblesse, un reste
d'autorité répandu sur le front de ce vénérable vieillard, le
respect involontaire que la vertu inspire au crime, en imposè-
rent aux factieux. Ils gardèrent tous le silence : ils allaient
peut-être tomber aux pieds du magistrat, quand un coup de
mousquet, parti de loin, vint l'atteindre au milieu de la poitrine. Duranti tombe, et ses derniers mots sont une prière au
ciel pour ses meurtriers.

Le peuple reprend aussitôt sa fureur, traîne dans les rues
le corps de Duranti, et court ensuite à la conciergerie massa-
crer l'avocat général d'Affis.

Ainsi périrent, victimes de leur zèle et de leur fidélité,
deux magistrats vertueux, éclairés, dont la province doit se
glorifier, et qui ont les mêmes droits à l'admiration et au respect de tout bon Français que les Brisson, les Larcher, les
Tardif.

Le Languedoc doit être regardé comme le berceau de la
poésie dite *provençale*, qui fut cultivée à Toulouse dès le règne
des premiers comtes. Raimond V, son fils, son petit-fils,
plusieurs chevaliers de la province étaient troubadours, et savaient chanter leurs dames presque aussi bien qu'ils se battaient
pour elles. En 1323, sous le règne de Charles-le-Bel, sept principaux citoyens de Toulouse, sous le titre de la *gaie société
des sept troubadours de Tolose*, écrivirent une lettre circu-
laire à tous les poètes de *la Languedoc*, pour les inviter à
venir lire leurs ouvrages à Toulouse, le premier de mai suivant, avec promesse de donner une *violette d'or* à celui qui aurait composé en *roman* la pièce jugée la meilleure.

Le jour marqué, plusieurs troubadours arrivèrent, et se
rendirent au jardin des sept juges. On fit la lecture des ouvrages devant les capitouls, les notables de la ville et une
grande foule de monde. Le prix fut accordé à un *cirventès*
composé en l'honneur de la Vierge par Arnaud Vidal de Cas-

telnaudari, qui fut créé sur-le-champ *docteur en la gaie science.*

Les sept associés continuèrent leurs assemblées, choisirent un d'entre eux pour *chancelier*, et donnèrent à un autre le titre de *bedeau* ou *secrétaire.* Ils publièrent des statuts auxquels ils donnèrent le nom de *lois d'amour.* Ils ajoutèrent deux autres fleurs à la violette : une églantine et un souci. Enfin leur société devint si célèbre, qu'en 1388, Jean, roi d'Aragon, envoya des ambassadeurs au roi Charles VI, *pour lui demander des poètes de la province de Narbonne, afin de faire dans ses Etats un établissement de la gaie société.*

Telle fut la première origine de l'académie des jeux floraux, qui reçut un nouveau lustre vers la fin du quatorzième siècle, ou le commencement du quinzième, par la libéralité d'une dame toulousaine nommée Clémence Isaure. Cette dame, dont on ne sait presque rien, fonda, par son testament, de quoi fournir aux frais des fleurs que l'académie de Toulouse donne encore tous les ans. Les capitouls et les habitans de cette ville, par reconnaissance pour Clémence, lui ont érigé, vers le milieu du seizième siècle, une statue de marbre blanc, qu'ils ont placée dans une des salles de l'hôtel-de-ville, où elle se voit encore, et où elle est couronnée de fleurs tous les ans, le 3 mai, jour de la distribution des prix. Louis XIV, en 1694, a autorisé par des lettres patentes cette académie, que je crois la plus ancienne de toutes.

On ne sait rien de plus positif sur Clémence Isaure. Je me suis cru permis, dans un roman, de la faire seule institutrice des jeux floraux, et de donner un motif au choix des trois fleurs que l'on adjuge pour prix.

(1) Cette description n'est que la peinture très-fidèle et très-ressemblante d'un vallon charmant, situé entre Cardet et Massane, qui s'appelle *Beau-Rivage*, et que la nature a rendu un séjour enchanteur.

FIN DES NOTES.

www.ingramcontent.com/pod-product-compliance
Lightning Source LLC
Chambersburg PA
CBHW060656170426
43199CB00012B/1814